중세 유럽 세계관 사전

Original Japanese title: CHUSEI EUROPE NO SEKAIKAN GA YOKUWAKARU:
CREATOR NO TAMENO KAIKYU TO KURASHI JITEN
Supervised by Shuzen Iwata, Jin Hideshima

Copyright ⓒ 2023 NIHONBUNGEISHA

Japanese edition published by NIHONBUNGEISHA
Korean translation rights arranged with NIHONBUNGEISHA
through The English Agency (Japan) Ltd. and Danny Hong Agency

이 책의 한국어판 저작권은 대니홍 에이전시를 통한 저작권사와의 독점 계약으로 제이펍에 있습니다.
저작권법에 의해 한국 내에서 보호를 받는 저작물이므로 무단전재와 복제를 금합니다.

중세 유럽 세계관 사전

1판 1쇄 발행 2024년 10월 14일

지은이 이와타 슈젠, 히데시마 진
옮긴이 구수영
펴낸이 장성두
펴낸곳 주식회사 제이펍

출판신고 2009년 11월 10일 제406-2009-000087호
주소 경기도 파주시 회동길 159 3층 / **전화** 070-8201-9010 / **팩스** 02-6280-0405
홈페이지 www.jpub.kr / **투고** submit@jpub.kr / **독자문의** help@jpub.kr / **교재문의** textbook@jpub.kr

소통기획부 김정준, 이상복, 안수정, 박재인, 송영화, 김은미, 배인혜, 권유라, 나준섭
소통지원부 민지환, 이승환, 김정미, 서세원 / **디자인부** 이민숙, 최병찬

기획 송찬수 / **진행 및 교정·교열** 배인혜 / **내지 편집** 이민숙 / **표지 디자인** 스튜디오 글리
용지 타라유통 / **인쇄** 해외정판사 / **제본** 일진제책사

ISBN 979-11-93926-56-7 (03920)
책값은 뒤표지에 있습니다.

※ 이 책은 저작권법에 따라 보호를 받는 저작물이므로 무단 전재와 무단 복제를 금지하며,
이 책 내용의 전부 또는 일부를 이용하려면 반드시 저작권자와 제이펍의 서면 동의를 받아야 합니다.
※ 잘못된 책은 구입하신 서점에서 바꾸어 드립니다.

제이펍은 여러분의 아이디어와 원고를 기다리고 있습니다. 책으로 펴내고자 하는 아이디어나 원고가 있는 분께서는
책의 간단한 개요와 차례, 구성과 지은이/옮긴이 약력 등을 메일(submit@jpub.kr)로 보내 주세요.

중세 유럽 세계관 사전

이와타 슈젠, 히데시마 진 지음
구수영 옮김

창작자의 작업실 01

jpub
제이펍

※ 드리는 말씀
- 이 책에서 사용된 단어는 시대 배경 및 문화 요소를 고려하여 원서의 표현대로 게재하였습니다.
- 이 책은 지은이가 조사한 결과를 바탕으로 집필되었습니다.
- 책의 내용과 관련된 문의사항은 출판사로 연락해 주시기 바랍니다.
  - 출판사: help@jpub.kr

차 례

시작하며		8
창작에 도움이 되는 중세 유럽의 기초 지식		10
중세의 세계관을 만들 때 알아 두어야 할 「봉건제도」		12
통치 형태와 권력 구조를 알면 이야기의 퀄리티가 높아진다		14
이 책의 구성		16

PART 1 권력자들의 생활

① 왕궁의 사람들	왕궁에는 누가 살았을까?		18
② 지역의 권력자	영주는 관할 지역의 왕 같은 존재		22
③ 영주의 생활	아침부터 와인을 마시는 우아한 삶을 산 영주들		24
④ 귀부인과 영애	아내가 남편을 대신해 싸움에 나갈 때도 있었다		28
⑤ 기사	기사는 귀족일까, 평민일까? 일과 역할		30
⑥ 교황	교황은 절대적인 권력자? 성직자의 위계 제도		34
⑦ 주교·대주교	귀족과 비슷한 권력을 가졌던 주교들		38
⑧ 수도원장	수도원의 리더! 엄격한 생활을 했을까?		40
⑨ 성직자의 생활	사회적 위치에 따라 달라지는 식생활		42
⑩ 종교 기사단	강대한 권력을 가진 기사 × 종교인 집단		44
⑪ 한자동맹	막대한 경제력을 바탕으로 강력한 발언권을 가진 상인 조직		46
Column 1	신분을 초월한 사랑: 기사와 왕가의 결혼은 허가되었을까?		48

PART 2
평범한 서민들의 생활

① 도시의 삶	도시가 발전하는 장소와 구조		50
② 도시의 음식	정육점, 빵집, 주점 등 도시에서 일하는 상인		54
③ 목욕	아침에 목욕하는 것이 일반적		58
④ 위생 관념	배설물은 정원에?! 화려하지만은 않은 도시의 실태		60
⑤ 오락	어른은 도박, 아이는 곤충을 장난감으로		62
⑥ 시장	슈퍼마켓이 없던 시대, 시장은 핫플레이스		64
⑦ 길드	장인들의 세계에 존재했던 피라미드 계급		66
⑧ 민병과 경찰	기사만 싸우는 게 아니다! 도시를 지키는 위병들		70
⑨ 사형집행인	법의 심판을 수행했지만, 거리에서 미움받는 자		72
⑩ 그 밖의 사람들	빈곤을 내세운 비즈니스의 등장		74
⑪ 농촌 생활	토지 유무로 격차가 벌어지는 농민의 계층		80
⑫ 축제	유럽 문화의 기반! 축일이 줄줄이 탄생		82
⑬ 농산물	밀이나 콩, 과일 등 중세 시대에 생산하던 농작물		84
⑭ 농촌의 음식	농촌의 빵은 검고 딱딱한 호밀빵이 주류		86
⑮ 농촌의 주점	여관도 겸하고 있던 농촌의 주점		88
⑯ 농촌의 일	농촌에서 살며 일하는 사람들		90
Column 2	세상을 떨게 한 늑대인간이 실존했다?		94

PART 3
중세 유럽 사회의 규칙과 개념

① 시간	시간 개념은 낮과 밤이면 충분		96
② 법 제도	피의자에 따라 심판하는 사람도 달라지는 중세의 재판		98
③ 화폐 경제	중세의 돈은 종이가 아니라 은화		100
④ 도로 정비	걷기 어려운 길? 정비되지 않은 중세의 도로		102
⑤ 아질	죄인이 도망쳐 들어가는 피난처		104
⑥ 혼인	귀족 사회에서 남성은 14세, 여성은 12세에 결혼 가능		106
⑦ 납세	중세에도 주민세와 상속세가 있었다		108
⑧ 형벌	죄인을 처벌하는 다양한 형벌들		110

⑨ 정보 전달	스마트폰이 없던 시대, 정보는 기본적으로 구두로 전달	112
⑩ 의료	점이나 주술로 병을 치료하던 중세 의료	114
⑪ 질병	중세 유럽을 공포에 떨게 한 페스트	116
⑫ 재해	자연재해는 신의 분노?	118
⑬ 종교관	중세 사람들의 기본적인 종교관	120
⑭ 생사관	천국과 지옥의 틈새 '연옥'	122
Column 3	재판에서는 동물도 심판받았다	124

PART 4
중세 유럽의 시설과 주거

① 성	왕이나 영주의 자택 겸 직장이었던 성	126
② 교회	시대에 따라 변하는 기독교의 건축 양식	128
③ 수도원	수도사의 거주지, 포인트는 중정의 회랑	130
④ 도시 시설	적의 습격에 대비하여 성벽으로 둘러싼 도시	132
⑤ 도시의 주거	시민이 살던 집은 주로 3층 이상	134
⑥ 농촌 시설	마을의 중심에는 교회가 있었다	136
⑦ 농촌의 주거	짚이나 새끼줄로 만든 간소한 집	138
⑧ 여관	저렴한 숙소부터 고급 숙소까지 다종다양	140
Column 4	봉건사회에서 주권 국가로	142

PART 5
중세 유럽을 무대로 이야기를 창작하자

창작 FILE ①	창작 활동의 첫걸음! '쓸 수 있는' 장르를 분석한다	144
창작 FILE ②	핵심 플롯을 만들어서 기점과 종점을 명확하게 만든다	146
창작 FILE ③	역사적 사실을 깊게 이해하면 생생한 픽션을 만들 수 있다	148
창작 FILE ④	왕족이나 기사 이야기가 아닌 서민을 소재로 만들어 보자	150
창작 FILE ⑤	중세 작품에서는 이야기와 종교의 관계에 주의하자	152
창작 FILE ⑥	정석적인 패턴으로 캐릭터의 매력을 어필하자	154
창작 FILE ⑦	경칭을 대사에 활용하면 관계성을 쉽게 표현할 수 있다	156

알아 두면 써먹는 중세 유럽 연표 ········ 158

시작하며

세 시대는 먼 과거입니다. 그런데 특히 중세 유럽은 지금까지도 소설이나 영화 등 많은 판타지 작품의 시대적 배경이 되기에, 다른 역사적 배경에 비하면 비교적 친근하게 느껴지곤 합니다. 용맹하게 싸우는 기사가 등장하고 석조로 쌓은 성이 우뚝 서 있는 중세의 풍경이 여러분의 머릿속에도 자연스럽게 그려지지 않나요?

우리가 떠올리는 모습은 어느 정도는 사실에 기반하고 있으나, 판타지 세계관에 어울리도록 현대인의 입맛에 맞게 변형된 것도 적지 않습니다. 예를 들어 중세 유럽을 모티프로 한 판타지 작품에는 드래곤이 종종 등장합니다. 하지만 당연히 드래곤은 실제로 존재하지 않는 상상 속의 생물입니다.

중세 유럽은 분명히 오늘날과는 완전히 다른 사회 구조와 문화를 가지고 있습니다. 정말로 드래곤이 살았다고 해도 이상하게 느껴지지 않을 정도로 우리에게는 신비롭고 미지로 가득 찬 시대입니다. 그렇기에 이 책에서는 중세 유럽에 어떤 사회 계급이 실제로 존재했는지뿐만 아니라 신분에 따라 어떤 삶을 살았는지, 역사적 사실을 바탕으로 당시 유럽 사회의 '있는 그대로의 모습'을 가능한 한 다각도로 알기 쉽게 해설하고자 노력했습니다.

이 책에서 배운 중세 유럽 지식을 여러분의 창작 활동에 활용하여 보다 단단한 작품을 만들어 내기를 바랍니다.

이와타 슈젠(祝田 秀全)

중세 유럽은 여러 사회 계급이 어우러져 다양한 사람들이 살았던 무척이나 매력적인 시대입니다. 왕족이나 영주, 성직자, 기사와 같은 지배층부터 일반 시민이나 농민, 나아가 하층민까지 도시나 농촌에서 자신의 일상을 만들었습니다. 여러 사람들의 삶의 모습을 이해하는 것은 이야기를 창작할 때 큰 무기가 됩니다. 다양한 사람들이 등장해서 서로에게 관여하면 각 캐릭터의 개성이 돋보이게 되며, 결론적으로는 읽을 맛이 나는 스토리가 구축될 테니까요.

그러나 마구잡이로 장황하게 스토리를 펼친다고 해서 독자의 마음을 사로잡을 수 있는 것은 아닙니다. 중세 유럽이라는 시대의 사회 구조를 비롯하여 역사적 사실을 제대로 이해한 상태에서 생동감 있는 세계관을 만들어야만 비로소 독자는 이야기에 실감 나게 몰두할 수 있습니다.

이 책의 파트 5에서는 중세 유럽을 무대로 한 이야기를 만들 때 어떻게 이러한 소재를 도입하면 효과적인지 소개하고 있습니다. 스토리를 만드는 순서나 등장인물을 설정하는 방법 등 작품을 더욱 매력 있게 만들고자 할 때 의식해야 할 포인트를 제 경험을 바탕으로 적어 보았습니다. 매력적인 판타지 작품을 만들고 싶은 마음으로 이 책을 펼친 여러분의 창작 활동에 제가 소개하는 경험이 적게나마 도움이 되었으면 좋겠습니다.

히데시마 진(秀島 迅)

창작에 도움이 되는 중세 유럽의 기초 지식

중세는 서양사의 시대 구분에서 고대와 근세의 중간에 위치하며, 대략 1,000여 년(5~15세기)에 걸쳐 이어진 시대다. 우선 시대의 커다란 흐름을 알아보자.

- **395** 로마제국이 서로마제국과 동로마제국으로 분열됨
- **476** 서로마제국이 멸망함

전기(5~10세기)

이민족 유입에 의한 혼란과 기독교의 침투

게르만족의 대이동
로마 제국이 붕괴하는 계기가 된 것이 게르만족의 대이동이었다.

기독교의 정치 이용
이민족 유입의 혼란 속에서 구원을 바라는 사람들 사이에 기독교(그리스도교)가 침투했고, 지배층은 종교를 정치에 이용했다.

중기(11~13세기)

봉건제도에 의해 사회가 진정되고 번영한 시대

봉건사회의 성립
토지를 빌려주는 측과 빌리는 측 사이에 주종 관계를 맺는 봉건제도가 유럽 각지에서 수립되었다.

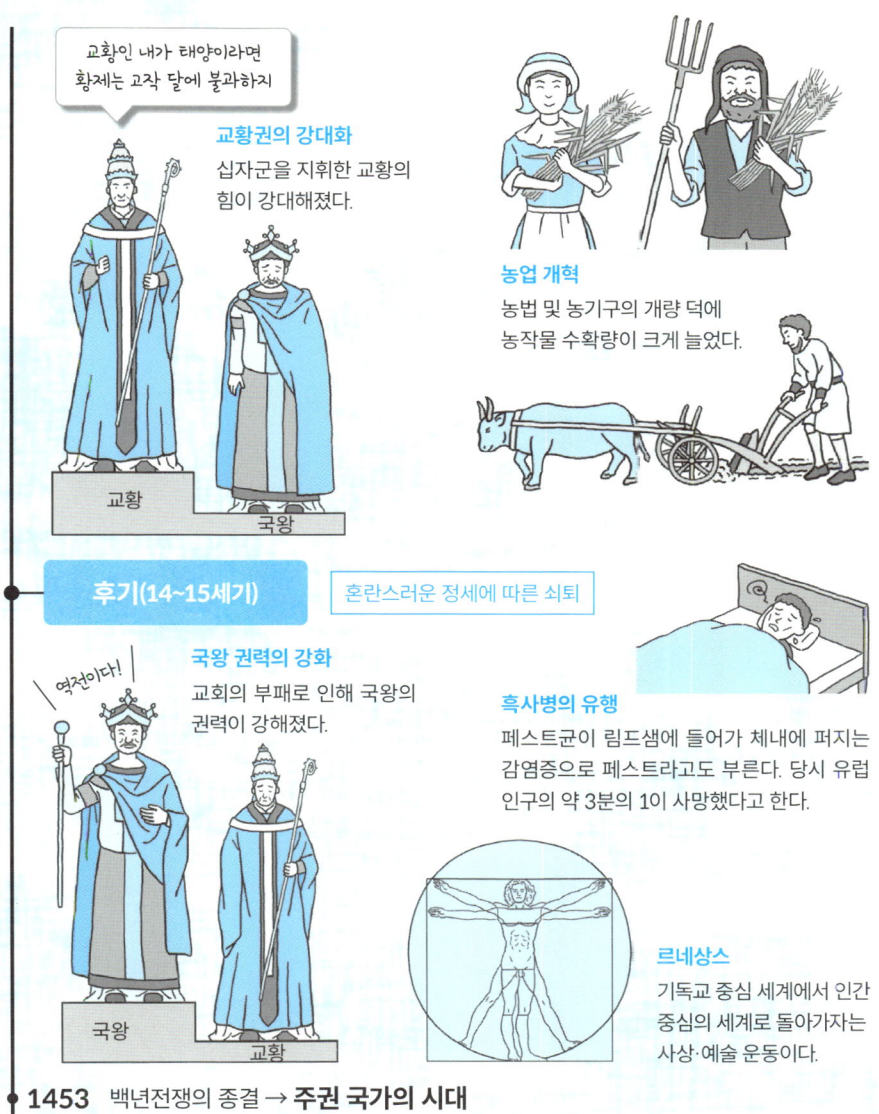

1453 백년전쟁의 종결 → **주권 국가의 시대**

게르만족의 대이동에 따라 생겨난 사회적 혼란 속에서 사람들은 신의 구원을 찾았고 기독교(그리스도교)가 이러한 시기에 퍼졌다. 또한 토지를 매개로 한 봉건제도가 사회의 기본적인 체제가 되었다. 한동안 평온한 시대가 이어지다가 다양한 사회 정세의 변화로 인해 점차 쇠퇴했다.

창작에 도움이 되는 중세 유럽의 기초 지식 11

중세의 세계관을 만들 때 알아 두어야 할 「봉건제도」

중세의 사회 구조에서 축이 되는 시스템은 봉건제도다. 봉건제도란 주군과 가신이 토지의 대차를 통해 서로에게 의무를 부담하는 관계를 맺는 것을 의미한다. 중세의 생활을 이해하는 데 빼놓을 수 없는 제도다.

충성 서약(오마주)의 모습

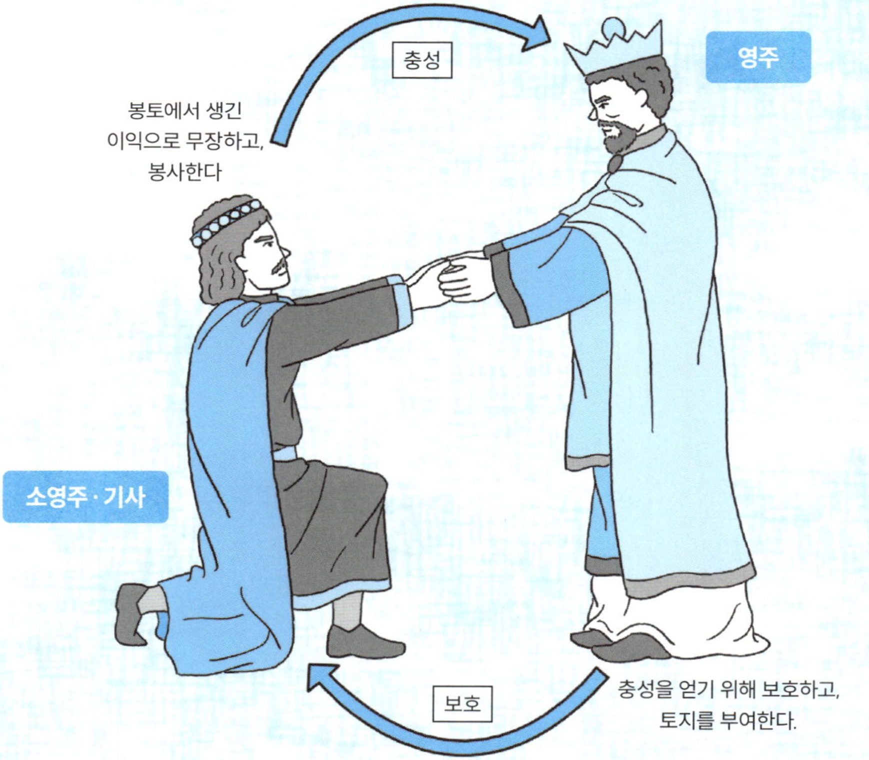

충성

봉토에서 생긴 이익으로 무장하고, 봉사한다

영주

소영주·기사

보호

충성을 얻기 위해 보호하고, 토지를 부여한다.

충성 서약이란 봉건적 주종 관계를 맺을 때의 의식을 말한다. 이 주종 관계는 어디까지나 계약 주의에 기반한 것으로, 어느 한쪽이 계약을 위반하면 관계를 끝낼 수 있었다. 또한 가신은 여러 주군과 주종 관계를 맺기도 했다.

중세 유럽의 생활권

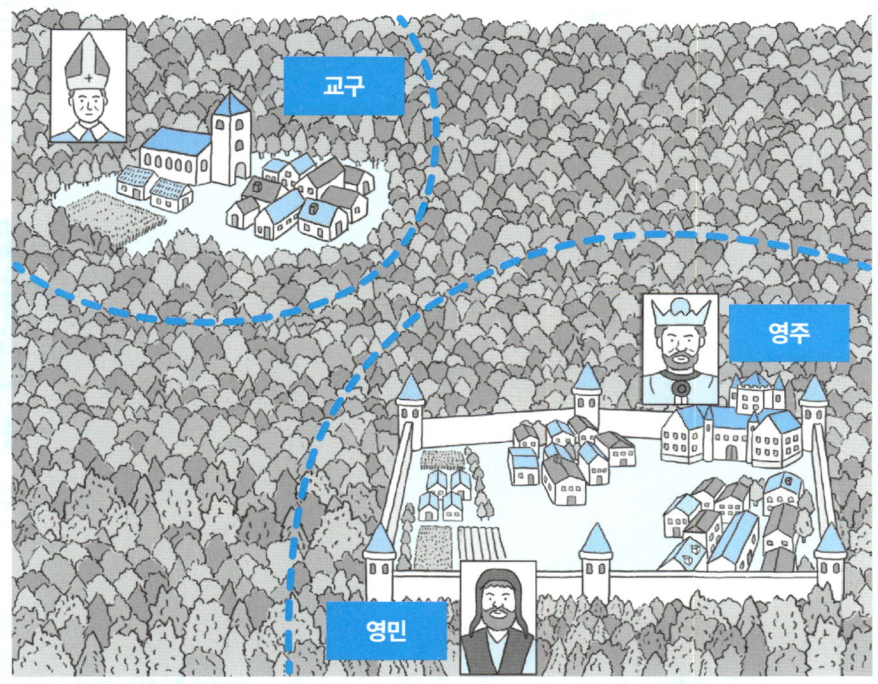

교구
교회가 지배하는 구역. 징세나 징병을 할 때는 소교구가 최소 단위로 사용되었다.

영토
영주가 보유하는 토지. 영주는 기본적으로 이 토지의 모든 권한을 가진다.

삼림 중심의 생활
도시나 농촌은 삼림을 개간해 만들었다. 삼림은 매우 깊었고, 삼림 사이를 이동하기는 힘들었기에 인근 마을과는 거의 교류하지 않았다.

중세 유럽의 평지 대부분은 삼림에 뒤덮여 있었고, 개간하여 만든 마을별로 폐쇄적인 생활이 이루어졌다. 삼림은 건축 재료나 연료, 나아가 과일 같은 식자재를 얻는 곳이었기에 삼림의 소유와 이용을 둘러싸고 싸움이 벌어지기도 했다. 또한 독일의 그림(Grimm) 형제가 모은 민화집인 《그림 동화》에서 유독 깊은 숲에 사는 무서운 마녀가 많이 나오는 것처럼, 중세인에게 삼림은 위대하면서도 두려운 것이었다.

통치 형태와 권력 구조를 알면 이야기의 퀄리티가 높아진다

중세 유럽의 세계관을 그리고 싶다면 당시의 사회 구조를 제대로 이해해야만 한다. 많은 국가가 난립했던 당시의 통치 형태와 권력자 간의 관계를 소개한다.

통치 형태에 따른 주요 권력

제국

황제

황제가 우두머리인 체제. 여러 개의 국가·민족을 총괄한다. 황제의 지위는 세습제인 경우도 있으며, 선거제인 경우도 있다.

왕국

국왕

국왕이 우두머리인 체제. 국왕은 기본적으로 세습제다. 비교적 평화롭고 안정적인 국가라는 인상을 준다.

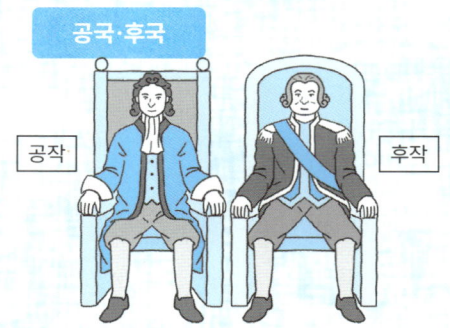

공국·후국

공작   후작

공작이나 후작 등 귀족이 다스리는 국가. 황제나 국왕에게 영지와 통치권을 부여받아 국가가 되는 경우가 많다.

공화국

의회

상업 활동에 관여하는 도시 귀족이 의회와 정부를 구성한다. 영주의 지배를 받지 않는 도시는 독자적인 법 제도와 재판권을 가진다.

중세 유럽의 권력 상관도

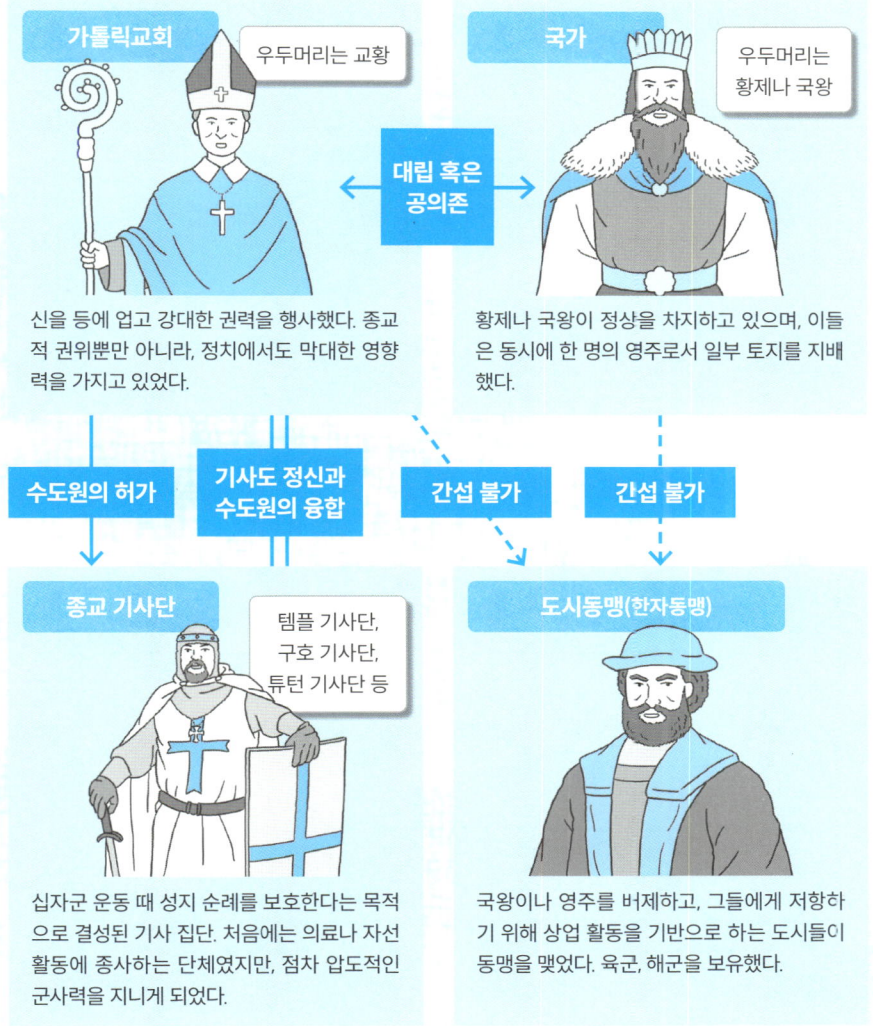

중세의 국가는 황제나 국왕이 있는 체제 및 그들이 지위가 높은 귀족에게 통치권을 부여하여 다스리게 하는 체제가 대부분이었다. 또한 2대 권력인 가톨릭교회와 국가는 서로 돕는 관계였지만, 때로는 대립하기도 하며 당시 사회에 커다란 영향을 끼쳤다.

통치 형태와 권력 구조를 알면 이야기의 퀄리티가 높아진다

이 책의 구성

세 가지 요소로 중세 유럽의 구조를
쉽게 배우자!

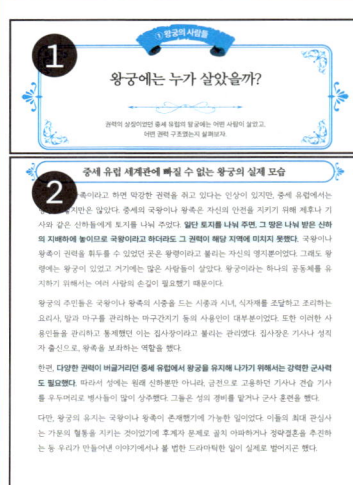

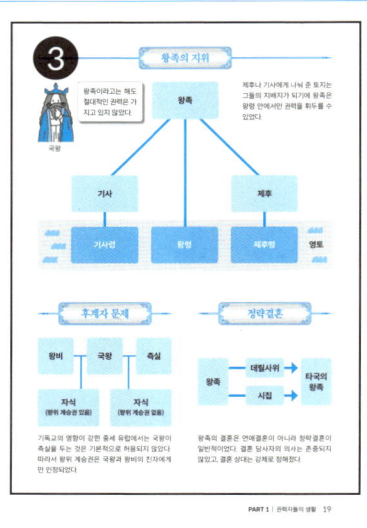

❶ 이번 장의 주제

❸ 도식과 일러스트를 활용한 설명

❷ 글로 풀어 쓴 설명

역사

파트 1   파트 2
파트 3   파트 4

중세 유럽에 관한 역사적 사실을 도식과 일러스트를 이용해 쉽게 설명했다.

원서 감수 이와타 슈젠

창작

파트 5

중세 유럽을 무대로 한 창작물을 만들 때 주의할 점이나 글쓰기 포인트를 전문 소설가가 소개했다.

원서 감수 히데시마 진

PART 1

권력자들의 생활

중세 유럽의 권력자는 봉건제도의 상위에 자리 잡은 왕이나 황제, 영주, 성직자, 기사 그리고 막대한 경제력을 보유한 상인들이었다. 우선 그들의 사치스러운 생활상을 살펴보자.

왕궁에는 누가 살았을까?

권력의 상징이었던 중세 유럽의 왕궁에는 어떤 사람이 살았고,
어떤 권력 구조였는지 살펴보자.

중세 유럽 세계관에 빠질 수 없는 왕궁의 실제 모습

국왕이나 왕족이라고 하면 막강한 권력을 쥐고 있다는 인상이 있지만, 중세 유럽에서 항상 그렇지만은 않았다. 중세의 국왕이나 왕족은 자신의 안전을 지키기 위해 제후나 기사와 같은 신하들에게 토지를 나눠 주었다. **일단 토지를 나눠 주면, 그 땅은 나눠 받은 신하의 지배하에 놓이므로 국왕이라고 하더라도 그 권력이 해당 지역에 미치지 못했다.** 국왕이나 왕족이 권력을 휘두를 수 있었던 곳은 왕령이라고 불리는 자신의 영지뿐이었다. 그래도 왕령에는 왕궁이 있었고 거기에는 많은 사람들이 살았다. 왕궁이라는 하나의 공동체를 유지하기 위해서는 여러 사람의 손길이 필요했기 때문이다.

왕궁의 주민들은 국왕이나 왕족의 시중을 드는 시종과 시녀, 식자재를 조달하고 조리하는 요리사, 말과 마구를 관리하는 마구간지기 등의 사용인이 대부분이었다. 또한 이러한 사용인들을 관리하고 통제했던 이는 집사장이라고 불리는 관리였다. 집사장은 기사나 성직자 출신으로, 왕족을 보좌하는 역할을 했다.

한편, **다양한 권력이 버글거리던 중세 유럽에서 왕궁을 유지해 나가기 위해서는 강력한 군사력도 필요했다.** 따라서 성에는 원래 신하뿐만 아니라, 금전으로 고용하던 기사나 견습 기사를 우두머리로 병사들이 많이 상주했다. 그들은 성의 경비를 맡거나 군사 훈련을 했다.

다만, 왕궁의 유지는 국왕이나 왕족이 존재했기에 가능한 일이었다. 이들의 최대 관심사는 가문의 혈통을 지키는 것이었기에 후계자 문제로 골치 아파하거나 정략결혼을 추진하는 등 우리가 만들어낸 이야기에서나 볼 법한 드라마틱한 일이 실제로 벌어지곤 했다.

왕족의 지위

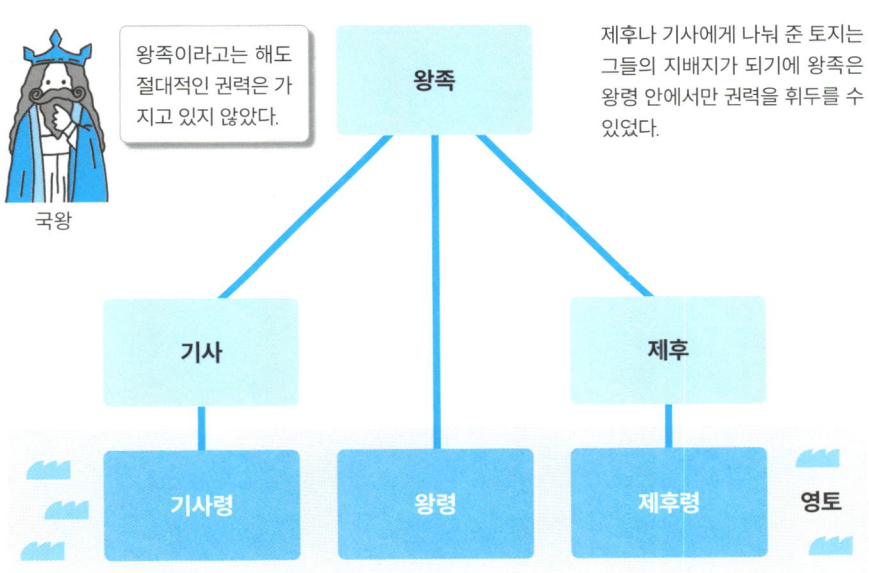

왕족이라고는 해도 절대적인 권력은 가지고 있지 않았다.

제후나 기사에게 나눠 준 토지는 그들의 지배지가 되기에 왕족은 왕령 안에서만 권력을 휘두를 수 있었다.

후계자 문제

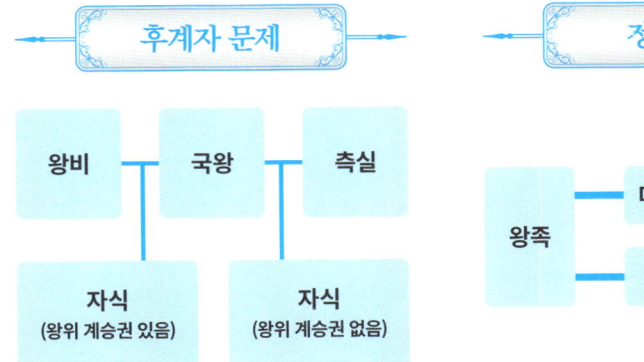

기독교의 영향이 강한 중세 유럽에서는 국왕이 측실을 두는 것은 기본적으로 허용되지 않았다. 따라서 왕위 계승권은 국왕과 왕비의 친자에게만 인정되었다.

정략결혼

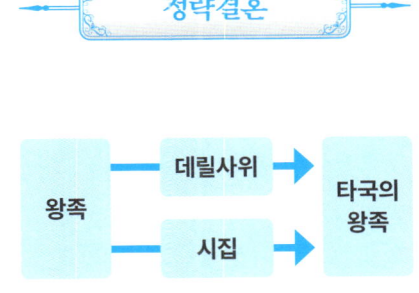

왕족의 결혼은 연애결혼이 아니라 정략결혼이 일반적이었다. 결혼 당사자의 의사는 존중되지 않았고, 결혼 상대는 강제로 정해졌다.

왕궁 사람들의 생활

국왕 왕비  왕자  왕녀

왕가
국왕을 중심으로 한 친족

집사장

집사장
토지 및 사용인의 관리자. 왕궁 내에서 높은 지위를 부여받았다.

봉사

관리·통제

유지 기관
다양한 역할을 수행하는 사용인이 존재했다.

시종·시녀
왕족의 시중을 드는 사람. 왕족의 화장, 의복 관리, 물품 구매가 주된 업무였다.

전령
타국에 편지를 배달하는 사람. 위험에 노출되므로 무장이 허용되었다.

요리사
식자재를 보관, 조리하는 사람. 간혹 와인 창고만 전문으로 관리하는 집사도 있었다.

대장장이
목공과 함께 왕궁을 보수하거나 성에 필요한 도구를 만들었다.

마구간지기
왕족이 타는 말과 마구를 관리했다. 때때로 군사 문제에 관여했다.

성직자
왕궁의 종교 의식을 집행하는 사람. 그 외에 공문서 작성 등도 수행했다.

왕궁의 군사력

군사 훈련
병사들은 무기를 들고 장비를 착용한 상태로 실전처럼 훈련을 거듭하며 다가올 전투에 대비했다.

기사와 병사의 관계

기사·견습 기사	관리·통제 →	병사
왕족 직속 신하. 금전으로 고용한 기사도 있었다.		왕령에서 징집했다. 왕궁 감시나 경비를 수행하는 문지기와 보초도 있었다.

권력자가 버글거리는 중세 유럽의 군사 정세는 기본적으로는 꽤 불안정했다. 언제든 인접국이 전쟁을 걸어올 위험성이 있었기에 왕궁에는 병사들이 상주했으며 거의 매일 군사 훈련에 힘썼다. 병사(일반병)는 왕령에서 징집했고, 기사 또는 견습 기사 같은 관리직이 그들을 관리 및 통제했다. 또한 왕궁에 따라서는 금전으로 병사를 고용하는 경우도 있었다.

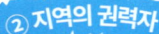

영주는 관할 지역의 왕 같은 존재

영주는 중세 봉건사회의 권력자였다. 혈연 또는 무력으로 쟁취한 공적 등을 이유로 군주에게서 사회적 특권을 부여받았으며, 자신의 영지에 힘을 과시했다.

제후와 대주교는 강한 권력을 가졌다

중세 유럽에서는 소수의 지배자가 주종 관계를 맺은 다수의 피지배층 위에 군림했다. 지배 계급에 속하는 영주들은 때때로 중세 세계관의 창작물에서 '최종 보스' 포지션을 가진 필수적인 등장인물이다.

영주는 주로 귀족 계급의 사람들이 차지하는 지위였다. 오른쪽 페이지의 그림처럼 **세 가지 직위로 나뉘며, 각각의 계층에 따라 재력과 무력에는 격차가 있었다.** 먼저 고급 귀족으로는 국왕에게 막대한 영지를 부여받아 많은 부하를 지닌 '제후', 성직 제후로서 영지를 지배하는 '대주교', 국왕을 섬기는 궁정 조신을 꼽을 수 있다. 중급 귀족은 고급 귀족에게 봉토를 받은 자들을 가리키며, 하급 귀족에는 중급 귀족을 섬기는 소영주와 기사 들이 있었다.

또한, 중세의 귀족 제도가 형성되는 과정에서 작위를 부여하는 일은 관습이 되었다. 작위의 서열은 힘이 있는 순서대로 '대공', '공작', '후작', '백작', '자작', '남작' 등이 있다.

그중에서도 대공은 작은 나라의 군주와 맞먹을 정도로 절대적인 권력자로, 국왕을 제외한 왕족 또는 국왕 가문에서 분가한 남성 가장에게 부여되는 칭호였다. 그 밖에도 국경 근처에 영지를 둔 사령관인 '변경백'은 나라의 경계가 되는 최전선에서 외적으로부터 나라를 지킨다는 사명이 있었기에 강대한 군사력뿐만 아니라, 왕의 뒤를 이을 정도의 강한 권력을 가졌다. 처음에 이들의 작위는 한 세대에게만 부여되는 한정적인 임기제였다. 하지만 **왕권이 약해지고 변경백처럼 넓은 영지와 강한 군사력을 가진 영주가 출현함에 따라 세습제로 바뀌게 되었다.**

왕족의 지위

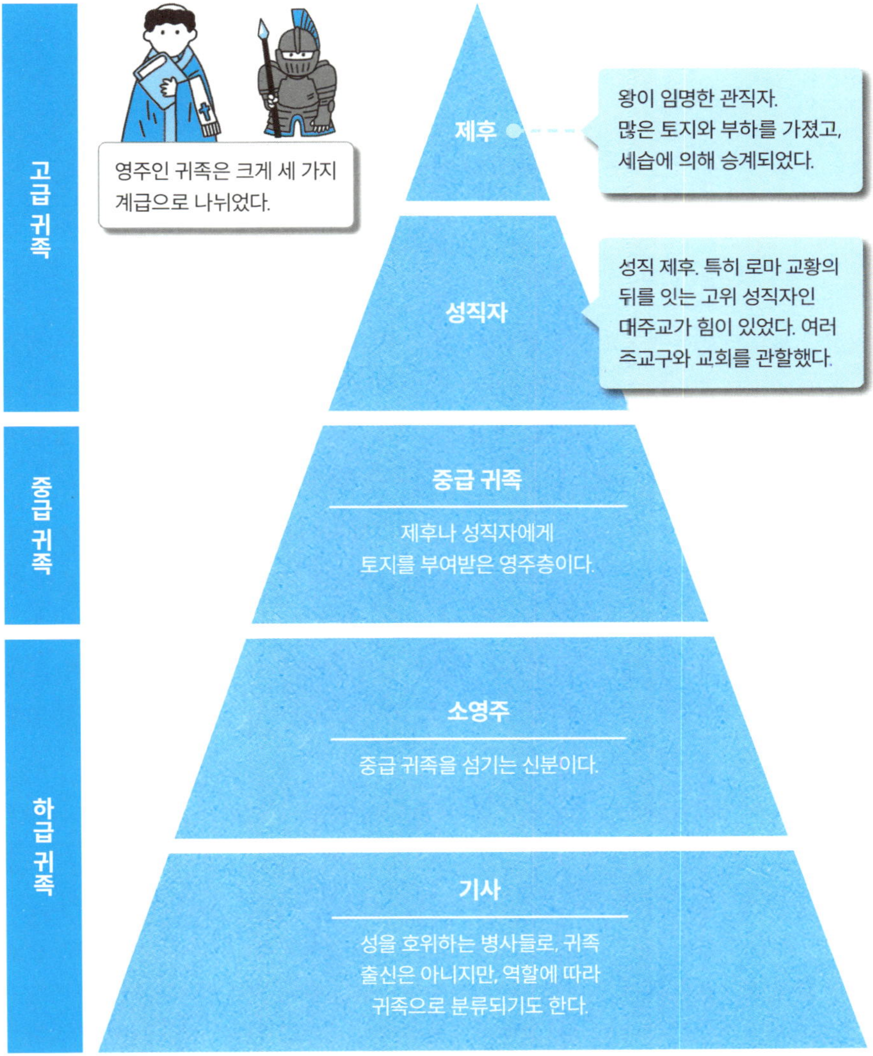

고급 귀족

영주인 귀족은 크게 세 가지 계급으로 나뉘었다.

제후
왕이 임명한 관직자. 많은 토지와 부하를 가졌고, 세습에 의해 승계되었다.

성직자
성직 제후. 특히 로마 교황의 뒤를 잇는 고위 성직자인 대주교가 힘이 있었다. 여러 주교구와 교회를 관할했다.

중급 귀족

중급 귀족
제후나 성직자에게 토지를 부여받은 영주층이다.

하급 귀족

소영주
중급 귀족을 섬기는 신분이다.

기사
성을 호위하는 병사들로, 귀족 출신은 아니지만, 역할에 따라 귀족으로 분류되기도 한다.

귀족은 크게 고급, 중급, 하급이라는 총 3단계로 나뉜다. 국왕과 가까운 혈통부터 핏줄이 아니라 역할에 의해 신분이 부여되는 경우까지 다양하며 이들의 지배력에는 커다란 차이가 있었다.

아침부터 와인을 마시는 우아한 삶을 산 영주들

토지의 지배자인 영주의 삶은 일반 시민과 비교할 때 분명 호화로웠을 테지만, 그래서 실제로 어떤 생활을 했을까?

영주의 성은 도시에서 떨어진 곳에 있는 경우가 많았다

영주는 많은 가신들에 둘러싸여 생활했다. 기본적으로 일상적인 업무와 잡무는 가신들이 대행했기에 자신의 영지에서 큰 문제가 발생하거나 적이 공격하지 않는 한 여유롭게 보내는 시간이 많았다. 나아가 **성은 예상치 못한 침략에 대비할 수 있도록 도시에서는 조금 떨어진 땅에 세워져 있었기에 그들은 오락거리를 찾으며 하루하루를 보냈다.**

우선 아침에 일어나면 목욕 또는 머리를 감고 몸단장을 마친 후에 아침 예배에 참석했다. 아침 식사는 와인 또는 시드르와 빵 같은 가벼운 식사를 했다. 그 후에는 가신에게서 주변 제국과의 외교나 군사 관련 문제, 영지에서 벌어진 재판 등의 보고를 받고 지시하거나 결정을 내렸다. 손님이 방문하면 번번이 연회를 열어 대접하거나 매 사냥과 같은 수렵 활동을 했다. 특히 사냥은 전투 훈련을 겸할 뿐만 아니라 식자재를 조달할 수도 있다는 장점이 있어서 항상 인기가 많은 유흥거리였다.

점심 만찬은 일반 시민이나 농민은 손댈 수 없는 식자재로 요리한 호화로운 정찬이었다. 가족이나 가신처럼 생활을 함께하는 사람들이나 방문한 손님들과 홀에서 대략 2시간 정도에 걸쳐 식사를 했다. 때때로 이곳저곳을 여행 중인 음유시인이 방문하면 그들이 읊는 이야기를 식사 중에 즐겼다. 점심 후에는 **영지의 일을 해치우거나 여유 시간이 있으면 손님과의 환담, 정원 산책, 독서, 체스 또는 주사위 놀이 등을 즐겼다.** 저녁 식사는 점심에 비하면 가벼운 수준이었고, 식사 후에는 가족들과 느긋하게 시간을 보내는 일이 많았다. 이처럼 영주라고 하더라도 마냥 파티로 가득 찬 생활은 아니었다. 이야기의 세계관에 리얼리티를 부여하고 싶다면 식사 분위기, 예절 등의 일상을 그릴 때 세세한 묘사에 신경을 쓰는 것이 첫걸음이라 할 수 있겠다.

영주의 식사 메뉴

지배 계급의 식사는 점심과 저녁으로 총 2끼를 먹는 것이 일반적이었다(아침 식사나 간식을 먹는 경우도 있다). 귀한 식자재를 듬뿍 사용한 호화로운 식사로, 특히 점심 식사는 무려 2시간에 이르는 풀코스를 즐겼다고 한다.

정찬(점심 식사)

엄청나게 호화롭네!

고기 요리

- 로스트 비프(roast beef)
- 스튜(stew)
- 수프(soup)
- 파테(pâté)
- 미트 파이(meat pie)

소, 돼지, 양
닭이나 오리 등의 가금류
그 외 수렵 동물 등

※ 조미료는 향신료나 허브를 사용했다.

채소류

- 콩류
- 제철 채소
- 포도, 배, 자두, 복숭아
- 석류, 무화과(수입품)

음료

- 와인, 시드르(cidre, 사과주)
- 에일(맥주의 일종) ※사용인이 마셨다.

빵

- 맨치트(manchet, 최고급 흰 빵)
- 케이크(꿀 또는 아몬드 첨가)

※ 빵은 접시 대신 고기 요리의 받침으로 쓸 때도 있었고, 정찬 후에는 사용인들의 식사에 활용되었다고 한다.

만찬(저녁 식사)

- 빵
- 치즈
- 가벼운 요리

이건 좀 담백하군

금식일

(※사순절 등 기독교의 금식 기간)

- 대구, 청어, 가자미
- 철갑상어, 고래(극왕이 먹었다.)

※ 금식일에는 당시 구 중한 식자재였던 생선을 주로 먹었다.

식사 예절

정찬 때는 영주의 가족과 가신, 손님들이 홀에 모여 모두 함께 식탁을 둘러싸고 앉았다. 당시의 식사 예절은 현대와는 많이 다르다.

영주의 스포츠·놀이

영주들의 생활은 여유가 많았기에 오락거리가 필수였다. 군사 훈련을 겸하는 스포츠나 주사위 놀이, 주사위 도박 등이 유행했고, 영주들은 이에 열광했다.

스포츠
- 크리켓(영국)
- 토너먼트
- 사냥
- 무예 시합

놀이
- 시나 노래 쓰기
- 체스
- 주사위 놀이
- 주사위 도박 등

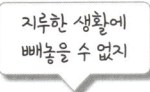

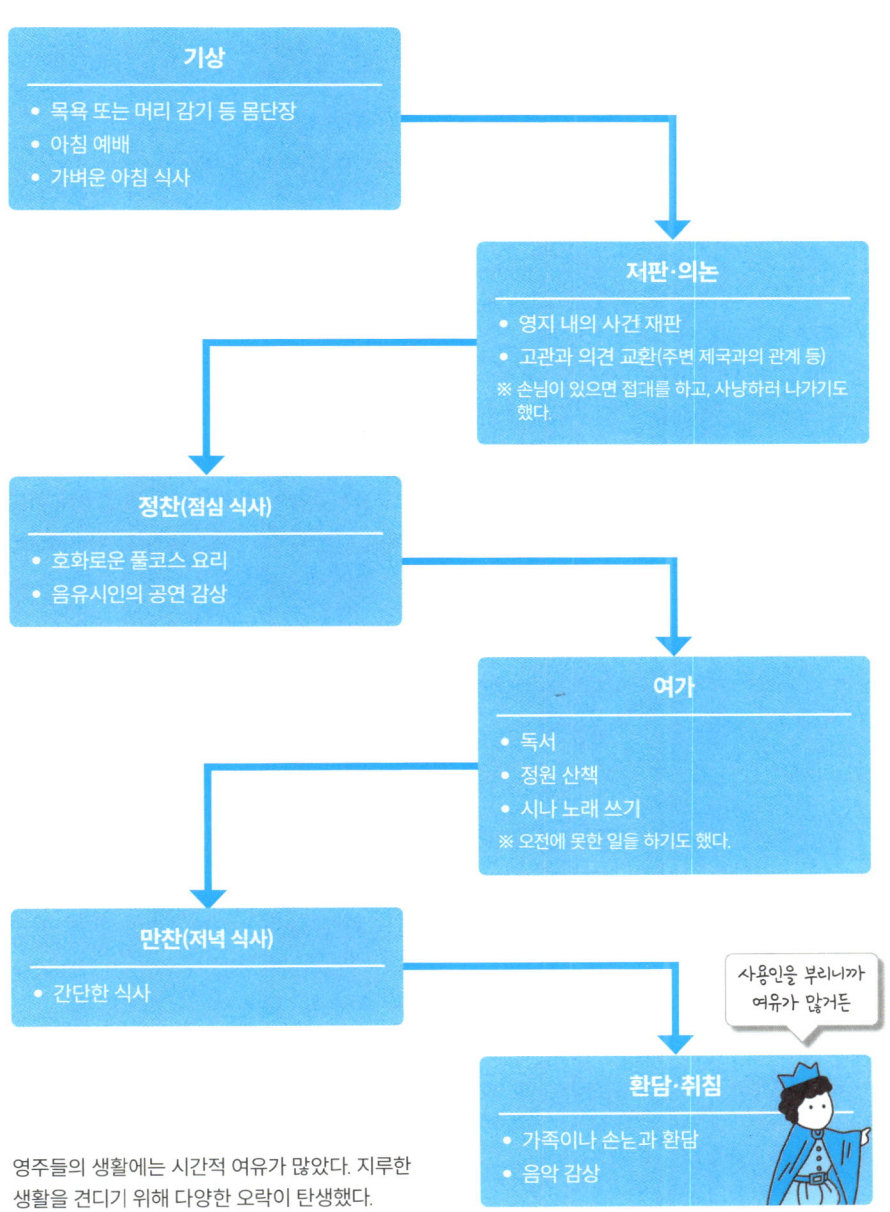

영주들의 생활에는 시간적 여유가 많았다. 지루한 생활을 견디기 위해 다양한 오락이 탄생했다.

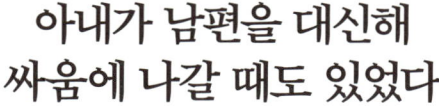

아내가 남편을 대신해 싸움에 나갈 때도 있었다

한때 이세계 환생 장르에서 악역 영애물이 유행한 적이 있는데,
실제 귀부인과 영애의 삶은 상상 이상으로 충실했다.

귀부인은 그야말로 내조의 공을 다했다

중세는 정략결혼이 당연한 시대였지만, 귀부인의 역할은 후계자를 낳는 것만이 전부는 아니었다. 영주인 남편을 받들고 보좌한다는 중요한 역할이 있었다. 시종, 시녀, 유모들의 일을 분배하고 지시했으며, 손님도 응대했다. 성에 초대한 시인들과 함께 살롱을 여는 등 문화, 예술면에서도 활동했다. 또한 **귀부인들은 영내의 통치 상황을 늘 파악하며 전쟁 등의 이유로 남편이 부재할 때 대행 역할을 한 것은 물론, 영주보다 정치면에서 재능을 발휘하는 케이스도 있었다.** 더욱이 성에 적이 쳐들어오는 경우에는 먼저 무기를 들고 나서서 남편 대신 병사를 이끌 때도 있었다.

이처럼 귀부인은 훌륭한 파트너로서 내조의 공을 다했지만, 재산권 따위는 인정받지 못했다. 결혼 시의 지참금이나 자신들의 부모에게 상속받은 토지 같은 재산은 남편이 관리했다. 다만 남편의 사후에는 그가 소유했던 재산의 3분의 1을 상속받을 수 있었다.

한편, 부부의 딸인 **영애는 유소년기부터 가사, 바느질, 자수 등을 배웠고, 이야기나 시 창작, 가창, 예의범절 같은 교양도 익혀야 했다.** 그중에서도 교회의 힘이 강했던 중세 유럽에서 중시되었던 교육은 바로 라틴어다. 따라서 이에 관련된 교양을 몸에 익히며, 라틴어를 읽고 쓸 수 있도록 배워야만 했다. 어느 정도의 나이가 되면, 예의범절을 배우기 위해 다른 영주의 성이나 수도원으로 떠나 교육을 받는 경우가 일반적이었다. 수도원에 보내진 영애는 반려자를 만나지 못하면 그대로 평생을 수도원에서 보내게 되었다.

귀부인과 영애의 생활

영주의 아내인 귀부인은 영주를 보조하는 파트너로서 때로는 용맹하게 싸우기도 했다. 그 딸인 영애는 어렸을 때부터 다양한 교육을 받았다.

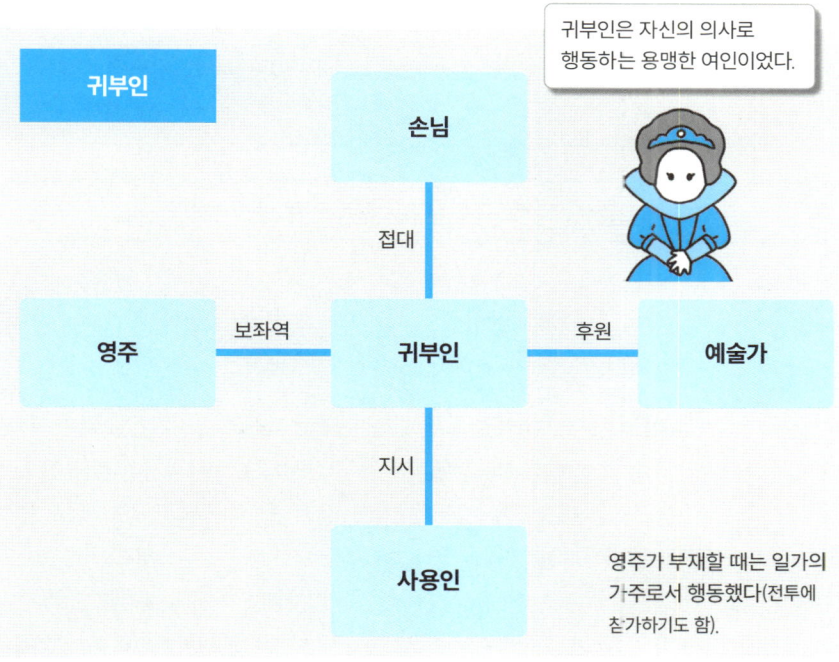

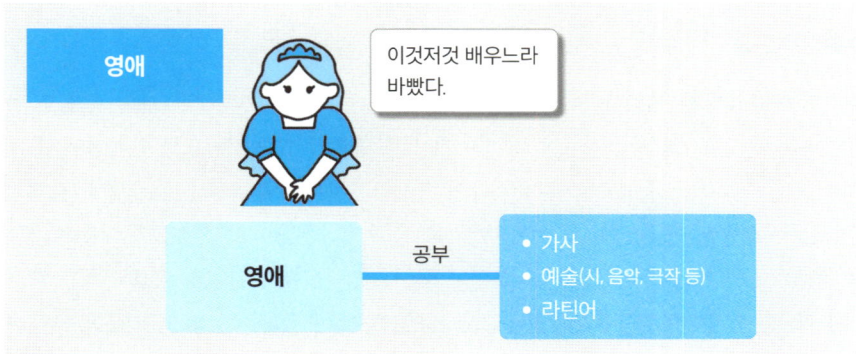

기사는 귀족일까, 평민일까? 일과 역할

원래 기사는 공격적이고 난폭한 이미지였지만, 어느새 고귀한 신사라는 이미지로 바뀌며 마침내 명예로운 칭호가 되었다. 그 변천사를 살펴보자.

기사도를 중시하고 전투의 주역으로 활약했다

참된 기사의 모습이라고 알려진 기사도(騎士道)가 확립된 중세에는 '기사가 공주를 구하기 위해 낯선 땅에서 주민들을 곤경에 몰아넣은 거대한 적을 쓰러뜨린다'는 식의 기사도 이야기도 탄생했다. 현대에도 여러 영웅 판타지 소설이나 영화에서 그 원형을 볼 수 있다.

중세 유럽에서는 충성을 바치는 대신 비호를 받는 주군과 가신의 관계가 있었으며, 레헨 제도라고 불린 봉건적 주종 관계가 성립했다. 주군은 가신에게 봉토나 영지의 세금 징수권을 부여했고, 가신은 그것을 대가로 주군과 적대하지 않고 병역이나 재판 참석 등의 의무를 부담했다. 이와 같은 가신들을 '기사'라고 불렀다. 기사는 처음에는 폭력적인 무법자로 여겨졌지만, 교회가 만든 '기독교 전사'라는 숭고한 이미지 메이킹을 통해 이윽고 기사도라는 이상적인 형태로 정착했다. **이미지가 좋아지면서 귀족이나 왕족이 기사를 자임하거나, 무공이나 재력을 이유로 상인과 농민이 기사로 임명되어 소귀족이 되는 등 점차 고귀한 인상도 부여받게 된다.**

기사의 이미지가 좋아진 시대부터는 기사가 되기 위해서 어렸을 때부터 견습 수행을 거쳐 주군에게 기사로 서임되어야 했다. 하지만 기사 중 일부가 귀족 계급으로 인정받게 된 폐해로, 서임식이나 궁정 생활에 관한 비용이 급등하면서 기사를 포기하는 상황도 발생했다. 더욱이 국왕이 왕권 강화를 위해 기사 신분을 수여하는 권리를 독점했기 때문에 기사는 명예로운 칭호로 변하게 되었고, 누구나 될 수 있는 신분이 아니게 되었다. 또한 **점차 레헨 제도가 붕괴하여 주종 관계에 있는 기사보다 금전으로 고용하는 용병이 증가했다.** 14세기부터는 용병들이 조직적인 전투 집단을 만들어 수많은 전장에서 주력군이 되었다.

기사의 일

중세 전기의 기사는 주군의 호위를 임무로 하는 기마병이었다. 하지만 십자군 운동 등의 영향으로 '숭고한 기독교 전사'라는 이미지가 붙으며 인기가 급격하게 상승했고, 왕족이나 귀족도 기사를 자칭하게 되어 기사 ≒ 귀족이라는 구조가 만들어졌다.

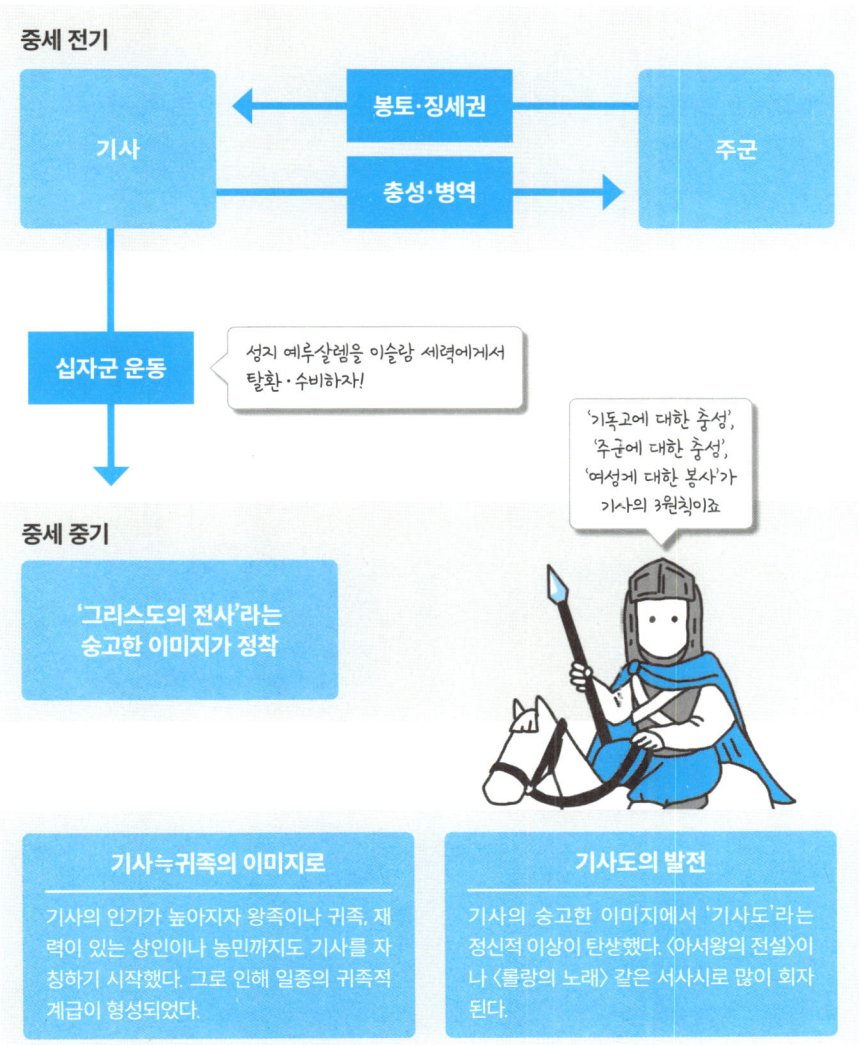

기사의 인생

본래 기사가 되기 위해서는 약 7세 무렵부터 부모 곁을 떠나 주군 밑에서 훈련을 해야 했다. 긴 밑바닥 생활을 경험한 후, 서임식에 이르러야 어엿한 기사로 인정받았다.

7세: 페이지(page, 시동)

주군 밑에서 허드렛일을 시작함과 동시에 기사에게 필요한 기초를 공부했다.

〈공부하는 것〉
- 검술, 마상 창술 등의 무예 수행
- 고급스러운 화술, 행동거지 등 궁정 예절

14세: 에스콰이어(esquire, 견습 기사)

기사 밑에서 뒷바라지를 하면서 무예를 갈고닦고, '기사 견습생'으로서 실제 전투에도 참여했다.

〈공부하는 것〉
- 주군의 주변 시중(환복 시중, 말 관리, 식사 시중 등)
- 전장에서 주군의 무기나 장비 운반, 교환 등

20세 전후: 기사

서임식을 거쳐 한 명의 기사로서 인정받는다. 실제 전투나 단체 기마 시합(토너먼트)에 참여하며 솜씨를 연마했다.

서임식 때 사용하는 검은 전날 밤부터 교회의 제단에 모셨답니다

서임식의 모습

주군이 검을 기사가 되는 사람의 목(또는 목덜미)에 갖다 댄다. 한 명의 기사라는 점을 인정받음과 동시에 사회적으로 어른이 되는 통과의례적인 역할도 있었다.

기사의 명예 칭호화와 쇠퇴

유복한 사람들이 기사를 자칭하고 고귀하게 여겨지면서 경제적 이유로 기사가 되지 못하는 사람들이 늘어났다. 또한 동시기에 국왕은 기사 신분의 수여권을 독점했기에 기사는 누구나 될 수 있는 신분이 아니게 되었다. 그 후 새로운 병기나 전술의 탄생으로 보병의 역할이 높아졌고, 기사의 화려한 시대는 막을 내리게 된다.

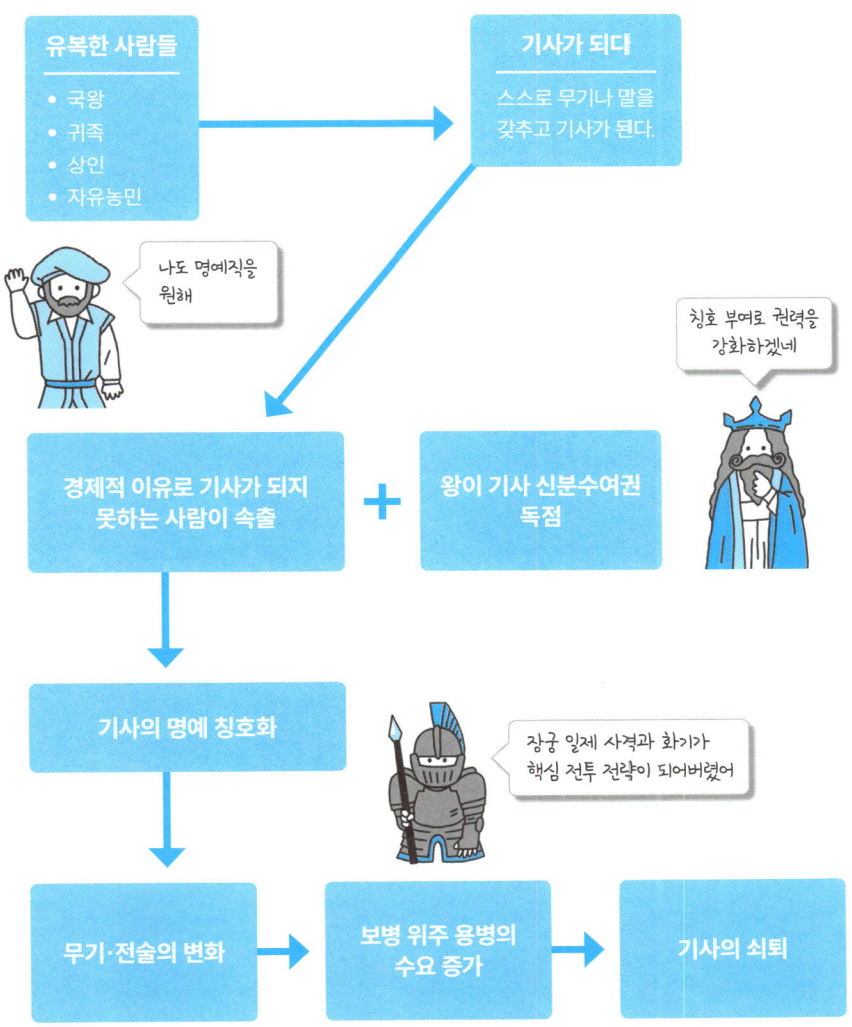

⑥ 교황

교황은 절대적인 권력자?
성직자의 위계 제도

성직자의 정점에 위치한 교황은 종교적 권위뿐만 아니라 세속적 권력도 가졌고,
결국 황제권보다 교황권이 상위라고 주장하기에 이르렀다.

초대 교황은 그리스도의 사도 베드로

로마 가톨릭교회에는 '하이어라키(Hierarchy)'라고 불리는 성직자의 위계 제도가 있고, 교황은 그 최고위에 해당하는 총수다. **중세 시대에 교황은 종교적으로는 물론, 세속적인 정치면에서도 절대적인 힘을 가진 존재였다.**

본래 교황은 베드로(그리스도의 첫 번째 사도)의 후예로서 로마 교회의 명예직처럼 여겨졌고, 그렇게 큰 권한을 가지진 않았다. 하지만 5세기 중반 무렵 교황 레오 1세가 로마 황제로부터 부여받은 교황의 권한은 신이 주신 것이라고 주장했고, 나아가 6세기 말에는 그레고리오 1세가 서로마와 서유럽에서 이교도와 이민족에게 포교함으로써 동로마 황제의 압력과 영향을 끊으려고 했다. 이러한 영향으로 교황을 중심으로 한 로마 가톨릭교회의 기반이 마련됐다. 11세기 후반부터는 교회 개혁이나 성직 서임권을 둘러싼 갈등이 일어났고, 그레고리오 7세에 의해 로마 가톨릭 교회 조직은 교황청을 중심으로 체계화되기에 이르렀다. 이윽고 13세기 초 인노첸시오 3세가 종교와 세속 모두에서 절대적인 교황권을 손에 넣었다.

교황이 보유하는 직할지(교황령)에서는 고문인 추기경들이 보좌역을 맡았고, 교황 징세를 통해 막대한 수익을 올렸다. 나아가 모범적인 신자를 사후에 교황의 선언으로 성인의 위치에 올리는 시성(諡聖)이나 수도원 개설 허가, 파문이나 대죄(大罪)의 사면 같은 권한을 보유했다. 이러한 절대적인 권력은 황제·국왕과의 싸움의 불씨를 낳기도 했다. 이후에 단기간에 자주 교황이 바뀌거나 전임 교황을 살해하여 지위를 얻는 일도 있었으며, 추문과 관계된 일화(교황 그레고리오 7세와 카노사의 성주 마틸다의 풍문)도 있었다.

가톨릭교회의 하이어라키

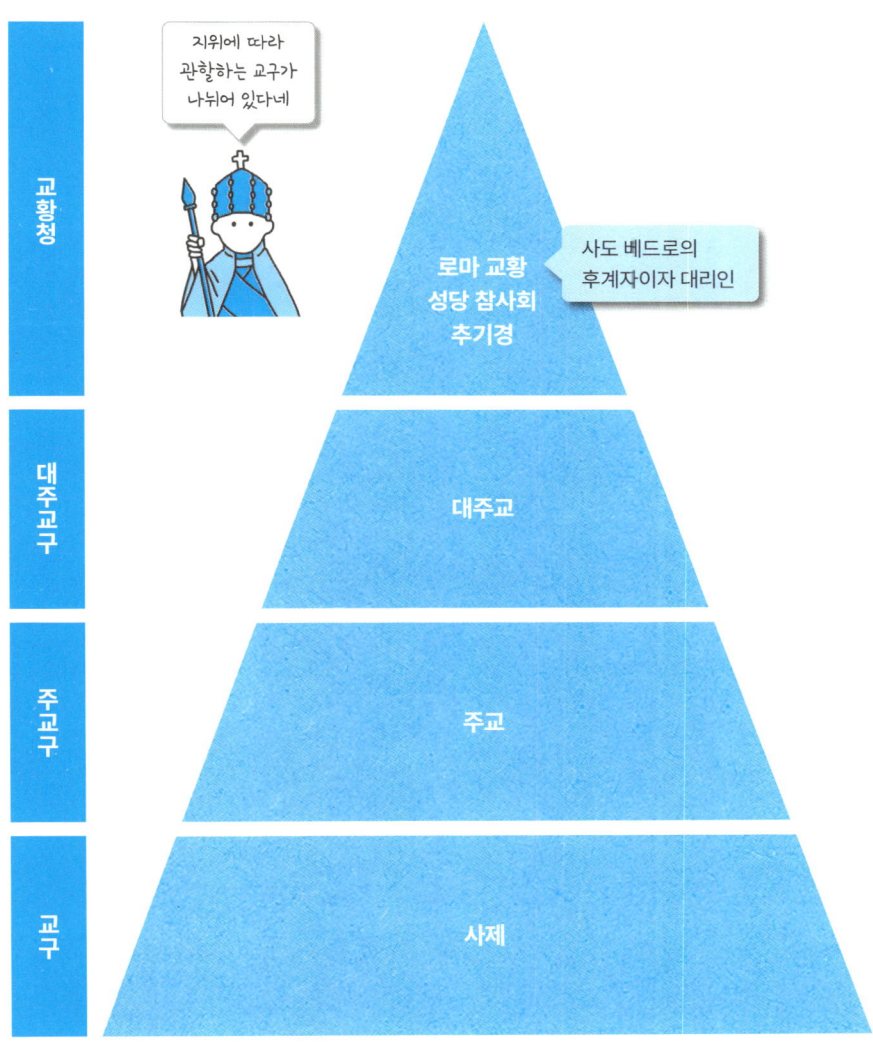

로마 가톨릭교회에서는 성직자의 위계 제도인 하이어라키가 정비되었고, 각지의 교회도 이 시스템에 편입되었다. 로마 교황은 사도 베드로의 후계자이자 그리스도의 대리인이기도 했기에 이 하이어라키의 최상위에서 군림했다.

교황 권력의 독립화

로마 교황은 본래 명예직에 지나지 않았다. 하지만 시간이 흐르면서 세속 권력으로부터 독립하려는 분위기가 커졌다.

원래는……

레오 1세(5세기 중반)

그레고리오 1세(6세기 말)

로마 가톨릭교회의 권력이 증대했다.

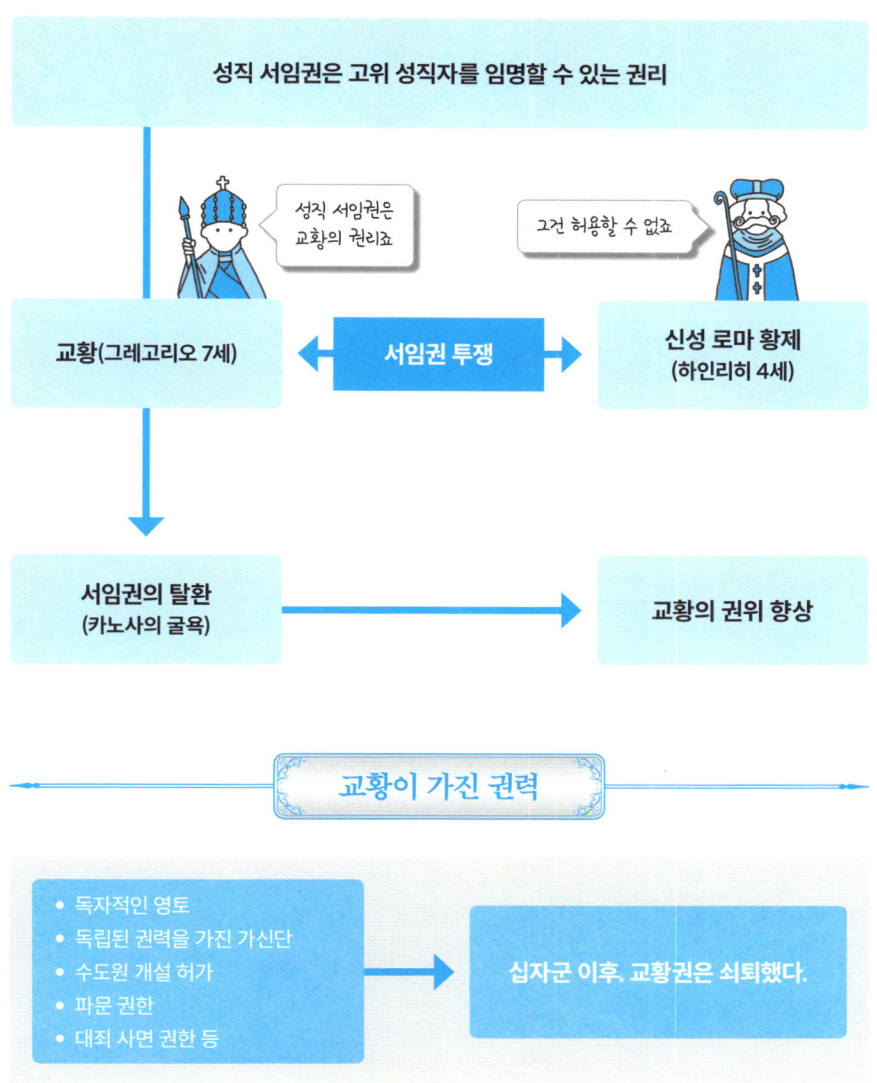

교황이 성직 서임권을 획득하자 교황의 힘이 강해졌으며 십자군 운동 시대에는 절정기를 맞이하게 된다.

① 주교·대주교

귀족과 비슷한 권력을 가졌던 주교들

종교가 강한 힘을 지니고 있던 중세 유럽에는 주교들의 권위도 높아져서 종교적 측면뿐만 아니라 세속적 측면에서도 대두되었다. 이들은 마치 성채 같은 교회에 살며 기사단까지 소유했다.

귀족적인 모습도 겸비한 고위 성직자

주교는 고위 성직자로, 자신이 관리하는 주교구에서 전권을 가진 최고 책임자였다. 그들은 주교구 안에 있는 교회의 사제들을 임명하고 지도하는 역할을 맡았다. 게다가 교황의 뒤를 바로 잇는 2인자인 대주교는 주요 지방이나 막대한 대주교구를 관할하면서 동시에 주교로서의 역할을 다했다. 대주교와 주교 모두 막강한 권한을 가지고 있었으며, 머리에 쓰는 관, 지팡이 또는 반지 같은 것을 몸에 지님으로써 높은 지위를 과시했다. **그들은 성이나 교회에 살면서 귀족과 맞먹는 힘을 가지고 있었다.**

주교 선출은 주교들이 회원으로 구성된 주교좌 성당 참사회를 통해 이루어지며, 선출 후에는 교황에게 임명을 받는 것이 일반적이었다. 하지만 주교라는 실리성이 높은 지위의 임면권을 세속 세력인 국왕이나 제후가 쥐고 있었기에 성직자가 아닌 사람이 주교로 임명되는 경우도 발생했다.

주교는 영주와 비슷한 면이 있지만, 근본적인 역할은 성직자였다. 따라서 그들의 일은 주교구 내의 교회·수도원의 여러 사정을 살피거나 세례와 고해, 결혼, 서품식을 포함한 성사(sacrament)라고 불리는 의식의 지휘 등이 있었다. 또한 **주교는 교회 재판의 재판권을 소유했기 때문에 주교구 내의 재판관을 임명할 수 있었고, 신도로 적합하지 않은 자를 파문하는 권한도 보유했다.**

또한 주교에게는 영지의 행정 측면을 담당하는 역할도 있었다. 영지 전체를 통치하기 위해 협동 주교를 비롯한 보좌역들에 더해 기사들을 병력으로 보유했다. 십일조처럼 영민에게 받는 세금(가금류), 성직 승계의 수수료 외에 주교구에서 얻는 수입이나 귀족에게 받는 봉납금 등 많은 이익을 얻고 있었다.

주교는 직접 다스리는 소교구 내에서 교회의 사제를 임명하는 권한을 가지고 있었다. 그 위에는 더욱 넓은 지역을 지배하는 대주교, 나아가 그 위에는 교황이 있었다.

주교의 두 가지 업무

대다수의 주교는 성직자의 역할을 하면서 영주로서의 권한도 가지고 있었다. 그 권력은 매우 강했고, 귀족이나 세속의 영주와 크게 다를 바 없었다.

영주로서의 권한
- 독자적인 병력 보유
- 주교구 지배
- 영토 경영 보좌역
- 주교좌 성당 참사회로부터 받는 수입 (성직자 생계 자산)
- 시민에게 징세(십일조)

성직자로서의 권한
- 사제 선출
- 성직자 교육
- 교회 축성
- 성사 수여(※ 종고의식)
- 주교구 순찰
- 신도 파문
- 재판관 임명

세속의 귀족과 다르지 않은 권력을 가지고

다양한 의식도 행한다.

PART 1 | 권력자들의 생활

수도원의 리더! 엄격한 생활을 했을까?

신앙 생활의 리더로서 수도원의 우두머리였던 수도원장.
그중에는 재산과 토지를 가지는 등 세속적 욕망 때문에 타락한 자들도 나타났다.

수도원이 부패·타락의 온상이 될 때도 있었다

하이어라키에서 높은 계급에 위치하는 수도원장은 수도원 조직을 통괄하는 리더였다. **수도원에는 원장을 비롯하여 부원장, 원장 대리, 재무 담당, 성물실 담당, 성가 담당, 참회 청문사 등 다양한 관리직 수도사들이 있었고, 그 아래에는 일반 수도사가 있었다.** 수도원에서 공동 생활을 하는 사람 중에는 비성직자도 존재했고, 아직 출가하지 않은 일반인(속인)인 보조 수사는 성직자가 되는 교육을 받으면서 계율을 지키며 일을 했다. 자신의 재산을 기부하는 대신 공동 생활을 하며 음식과 간호를 받는 헌신자·증여자가 있었고 장인, 하인, 농노 같은 다양한 사람도 모였다. 이 외에도 수도원의 부속 시설인 무료치료소에서는 빈부를 막론하고, 모든 사람을 구제한다는 기독교 정신에 따라 사회적 약자를 받아들여 치료를 하고 돌보았다.

수도사들은 원장을 중심으로 신앙을 키우며 지키는 것이 목적이었고, 세속에서 벗어나 금욕적인 공동 생활을 보냈다. 엄격하게 시간을 관리 받았고 개인적인 대화나 오락은 금지되었다. 또한 보좌역인 보조 수사와 수도사는 확실하게 신분이 구별되었으므로 예배소나 식당, 화장실을 구분해서 이용했다. 수도원에서 특히 중요한 장소로 여겨진 회랑에는 수도사만 출입할 수 있었다.

기본적으로 성직자는 이렇게 청빈한 생활을 보냈지만, 시대가 지남에 따라 부패하여 규율이 흐트러지기 시작했다. 수도원은 토지도 방대하고 많은 사람과 관계가 있었기에 기부금 등도 많아 재물이 집중되는 곳이었다. 따라서 원장이 봉건제의 영주와 같은 권한을 가지고 세속적인 욕망에 빠져서 부패, 타락하는 일이 자주 벌어졌다. 그럴 때마다 다른 수도원에서는 개혁 운동을 추진하는 무리가 등장했다.

수도원의 하이어라키

수도원에서는 속세와 연을 끊은 수도사들이 집단 생활을 했다. 성직자 외에도 성직자가 되는 교육을 받는 보조 수사나 재산을 기부하거나 기도를 올리는 헌신자나 증여자, 그리고 농노와 장인이 살았다.

수도원장 관리직을 담당한 수도사 (부원장, 재무 담당 등) 수도사

다양한 수도회

교회나 수도원의 부패가 반복되자 그 개혁 운동 중 하나로서 새로운 수도회가 탄생했다. 각각의 수도회는 각자의 목적에 따라 활동했다.

관상수도회 (베네딕도회)
"기도하고 일하라"라는 목적 아래에 계율적인 생활을 하는 수도회다. 청빈, 정결, 복종의 덕목을 중시하며 유럽의 수도원 생활의 기본이 되었다.

활동수도회 (예수회)
기독교를 널리 알리는 것이 목적이다. 창설자 중 한 명인 선교사 프란치스코 하비에르는 아시아까지 포교 활동을 벌였다고 한다.

기사수도회 (구호 기사단)
성 요한 병원이 모체가 되는 기사단이다. 원래는 순례 중인 기독교 신자를 보호하고 지원하는 것이 임무였지만, 십자군 원정의 주력으로서 활약했다.

탁발수도회 (도미니코회)
재산 축적을 부정하고 농촌을 돌아다니며 기부만으로 생활하고자 노력한 수도회다. 특히 13세기에 4대 탁발수도회 중 하나인 도미니코회는 이단 박해와 마녀사냥을 행했다고 알려져 있다.

사회적 위치에 따라 달라지는 식생활

원래 성직자는 금욕적인 일상을 지켜야 했지만 속사정은 달라서
세속에 찌든 생활을 보내는 경우도 많았다.

계율은 있었지만 사치스러운 생활을 하는 사람도 있었다

성직자에게 '미사'는 가장 중요한 의식이자 각 교구에서 행하는 중대 직무로 여겨졌다. 미사의 기원인 최후의 만찬에서 예수 그리스도는 "빵은 나의 몸이며 포도주는 나의 피"라고 말했다. 그것이 기원이 되어 빵과 포도주를 먹고 기도를 올리는 의식이 만들어졌다. 그 후, 미사에서는 성서 낭독을 하고 사제의 설교를 듣는 내용도 포함되기 시작했다. 오컬트, 판타지, 호러 계열의 창작물 스토리에서는 신이 아니라 악마에게 기도를 올리는 '검은 미사'가 등장할 때도 있다. 이처럼 성직자가 타락하는 전개를 도입하면 분위기가 긴장되는 전개를 만들 수 있다.

그럼 성직자의 식생활을 살펴보자. **수도사들의 식사는 규율이 엄격했고 빵과 음료의 양이 정해져 있었으며, 생선은 허용되지만 고기는 금지되었으며 심지어 단식 기간도 있었다.** 이처럼 수도원의 생활은 베네딕도 계율에 따라 기도와 봉사를 모토로 삼은 금욕적인 것이었다. 가난한 지방의 사제들은 이와 비슷한 식생활을 했으며, 그곳에 사는 서민과 다르지 않은 검소한 식사를 견뎠다.

하지만 성직자들은 시대가 흐르며 점차 청빈함을 잃고 타락하게 된다. **특히 영주와 비슷한 지위인 주교나 수도원의 세속적인 원장은 마치 귀족처럼 호화로운 식생활을 하는 경우도 있었다.** 나아가 계율에는 금지되어 있음에도 불구하고 아내를 맞이하는 자도 있었다고 한다. 또한 수도원 중에는 포도주나 맥주를 양조하던 곳도 많았고, 수도사 중에는 술에 빠져서 양조에만 몰두하는 자도 속출했다.

수도원의 식생활

수도원의 식사는 '베네딕도 계율'에 따라 검소한 식사가 이상적으로 여겨졌다. 계절이나 요일별로 식사의 횟수나 시간도 정해져 있었다.

한 끼의 메뉴
- 술(포도주, 벌꿀주, 맥주 등)
- 빵
- 반찬 2종류
- 채소
- 과일

식사 규칙
- 배를 80% 정도까지만 채운다
- 과도한 음주 금지
- 식사 중 사담 금지
- 고기는 원칙적으로 금지
- 금육일에는 생선을 먹는다

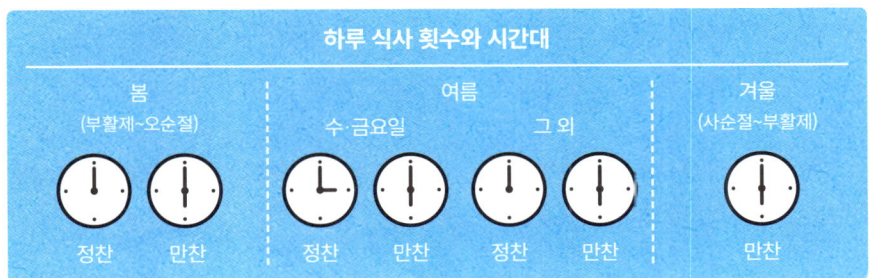

하루 식사 횟수와 시간대

봄 (부활제~오순절): 정찬, 만찬
여름 수·금요일: 정찬, 만찬
여름 그 외: 정찬, 만찬
겨울 (사순절~부활제): 만찬

성직자의 식생활

성직자의 식사도 수도원과 마찬가지로 검소한 생활이 원칙이었다. 하지만 실제로는 거주하는 환경에 따라 크게 달라졌고, 귀족 같은 호화로운 식사를 하는 성직자도 많았다.

도시 성직자
육류를 중심으로 한 호화로운 식사

시골 성직자
서민과 마찬가지로 검소한 식사

일부 수도사
접대를 받아 호화로운 식사를 하던 자도 있음

강대한 권력을 가진 기사 × 종교인 집단

성지 예루살렘의 회복을 위해 십자군 운동이 전개되면서
기사와 종교인이 혼합된 형태인 기사단이 탄생했다.

순례자의 보호 활동이 점차 군사적 색채를 띠게 된다

판타지 세계관에서 자주 활용되는 기사단 설정에는 종교적 설정을 도입하지 않은 경우도 많다. 하지만 실제 기사단은 원래 기독교와 깊은 관계를 맺고 있었다.

중세 전체를 관통하는 사건이었던 십자군 원정의 주 세력은 성직자이면서 기사이기도 한 '기사 수도사'다. 그들이 모인 집단이 종교 기사단이다. **처음에는 성지에서 순례자를 보호하고 구호 활동을 하기 위해서 모였지만, 점차 주변 지역의 경호 등을 담당하는 군사적 세력으로 성장했고, 전투 집단화가 되었다.**

최초로 만들어진 '구호 기사단(성 요한 기사단)'의 기원은 성지에 의료 기관으로 설치했던 구호소였으며, 순례자 구호 등을 수행했다. 원래는 베네딕도회라는 수도회의 비호를 받았지만, 기부금이 점점 쌓이면서 조직력을 갖췄고, 정식으로 교황 직속 수도회로 인정받으며 군사 활동이 주 업무가 되기 시작했다.

그 후 '템플 기사단(성전 기사단)'이 구호 기사단보다 한발 늦게 순례자들과 성당의 안전을 지킨다는 목적으로 만들어졌다. 애초에는 소규모인 데다가 힘도 약했지만, 기사단의 본거지를 솔로몬 신전 유적지로 옮기면서 점차 규모가 커졌다. 훗날 **교황 직속이 되어 부여받은 면세권을 이용하여 금융업에 나섰고 큰 재산을 모았다. 하지만 그 재산에 관심을 가진 국왕에 의해 이단으로 단죄되었고, 재산을 몰수당하며 결국 기사단이 해산되었다.**

구호 기사단, 템플 기사단과 함께 3대 기사단이라고 불리는 '튜턴 기사단'은 독일 제후의 보호를 받아 발전한 후 교황에게 인가받았다. 본거지는 독일이며 활동도 주로 독일에서 이루어졌기에 '독일 기사단'이라고도 불린다. 성지라 불리는 십자군 전쟁 지역보다는 동, 북유럽 일대에서 주로 활동한 점이 특징이다.

종교 기사단의 시작

최초의 종교 기사단은 이탈리아를 거점으로 하는 구호 기사단이었다. 십자군 운동을 배경으로 순례자의 보호를 임무로 삼았지만, 기부금을 바탕으로 점차 세력을 확대했다.

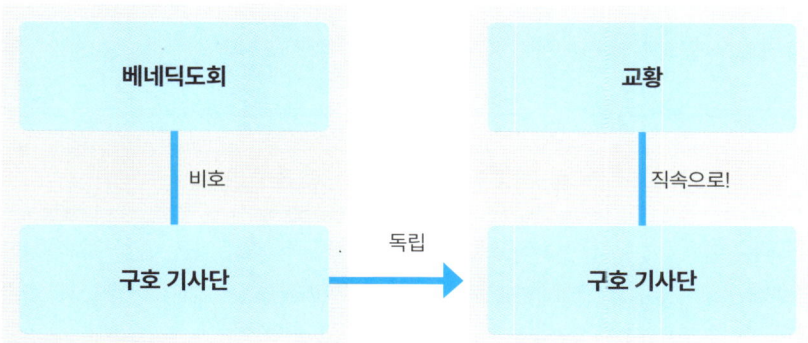

1070년경, 순례자의 종교적 구제를 목적으로 발족되었다. 베네딕도회의 보호를 받으며 각지에서 병원을 설립했다.

기부를 통해 얻은 재화를 바탕으로 세력을 키우고 교황 직속 수도회가 된다. 무력을 통한 순례자의 보호가 규칙에 있었기 때문에 점점 집단 무장화되었다.

그 밖의 유명한 종교 기사단

튜턴 기사단
- 예루살렘에서 창설됨
- 십자군 병사를 위한 병원으로 시작됨
- 십자군 쇠퇴 후, 거점을 독일로 옮김
- 13세기에는 동방 식민 활동을 통해 영지 확대함
- 십자군 병사가 프로이센 공국으로 이어짐

템플 기사단
- 예루살렘에서 창설됨
- 성지순례자를 보호하는 목적으로 시작됨
- 솔로몬 신전으로 거점을 옮기고 '템플 기사단'으로 개명함
- 금융업으로 막대한 재력을 쌓음
- 프랑스 왕 필리프 4세에게 이단으로 처단 받고 점차 궤멸함

⑪ 한자동맹

막대한 경제력을 바탕으로 강력한 발언권을 가진 상인 조직

'한자(Hansa)'는 독일어로 조직, 집단이라는 뜻에서 유래하였으며, 상인 조합이 기원이 되어 발전했다. 후에는 주변 국가와 전쟁을 할 정도로 세력이 커졌다.

주변 제국의 중앙집권화로 힘을 잃었다

한자동맹은 중세 상인들이 공통 이익 보호와 상권 확대를 목적으로 광범위한 지역에 걸쳐진 상업 도시가 모여서 구성된 도시 동맹이다. 중세 후기부터 근세 초기까지 존속했고, 최전성기에는 가맹 도시가 무려 100곳이 넘었다고 한다. 발트해를 끼고 있는 항구 도시 뤼베크(Lübeck)를 맹주로, 가맹도시는 함부르크, 브레멘, 쾰른, 그단스크(Gdańsk), 리가(Rīga) 등의 도시가 있었다. 영국, 러시아, 노르웨이와 같이 먼 외국에는 상관이 건설되었고, 북해·발트해에서 교역에 종사하는 북유럽의 무수히 많은 도시가 동맹에 참가했다.

북해·발트해의 교역은 남유럽·지중해에서의 교역처럼 향신료나 융단, 보석 같은 이국적인 사치품을 취급하는 것이 아니라, 곡물이나 소금, 목재처럼 비교적 단가가 싼 물건이 많았다. 따라서 대량으로 운반해서 거래해야 이익이 확보되었으므로 상인들은 똘똘 뭉쳐야 했다.

한자동맹의 힘이 커지면서 발트해 연안 제국과 갈등이 발생하기 시작했다. 결국 1368년에는 교역으로 번영한 덴마크와 전쟁이 발발했다. **한자동맹은 군대를 소유하지는 않았지만, 규모가 큰 도시들을 중심으로 해군을 조직하여 공동 전선을 펼치고 싸웠다.** 그 결과, 전쟁에서 승리를 거두고 전성기를 맞이했다.

하지만 15세기 이후에는 특히 독일령 내의 도시에서 압박이 거세졌고, 영국 상인이나 네덜란드 상인도 대두하기 시작했다. 16세기가 넘어갈 무렵에는 주변 제국에서 주권 국가가 형성되었고, 상인이 주도하여 경제적 이익을 목적으로 하는 도시 동맹들은 쇠퇴의 길로 들어선다. 그리고 17세기의 30년 전쟁으로 여러 도시가 황폐해지며 한자동맹은 소멸했다.

초기의 상인 구조

초기의 상인들은 상품을 직접 운송했다. 목적지에서 얻은 대금으로 다시 상품을 구입하여 각지에서 판매하면서 출발지로 되돌아갔다. 도중에 강도를 만날 위험이 있었기에 교역 루트에 위치한 영주와 안전 확보 계약을 맺는 일도 있었다.

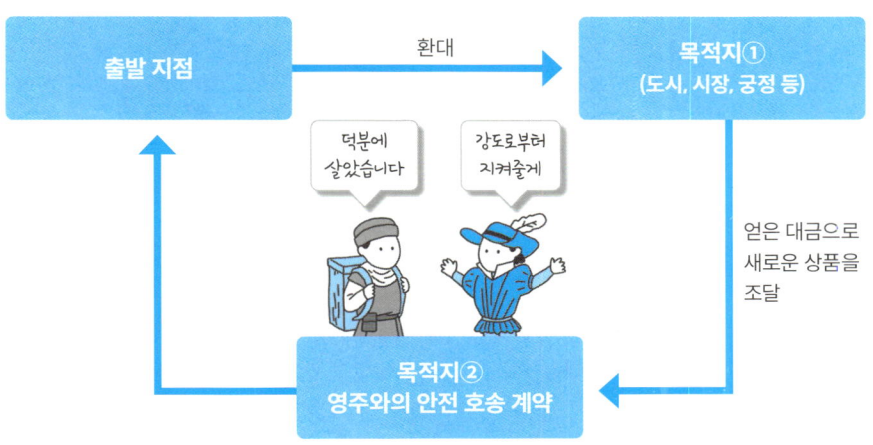

한자동맹의 구조

통신 기술과 금융 시스템의 발달 덕분에 상인들은 점차 대도시에 본점을 차리고 상품을 판매하게 되었다. 각지에 지점을 설치하는 등 원활하게 상품을 배달할 수 있는 시스템이 만들어진 것이다. 그들은 왕족이나 귀족의 간섭을 거부하고 자유롭게 장사하며 막대한 부를 쌓았다.

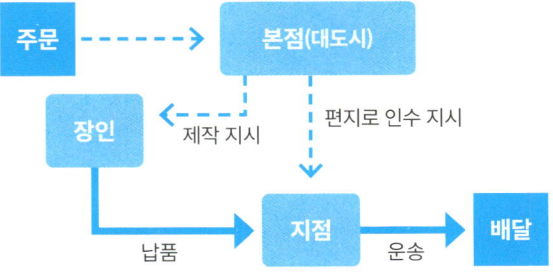

유력한 길드

- 피렌체(이탈리아)
  → 모직물
- 프랑스
  → 잡화

Column 1

신분을 초월한 사랑: 기사와 왕가의 결혼은 허가되었을까?

정략결혼이 당연하기 때문에 비밀 연애를 동경하는 사람도 많았다

중세 유럽의 상류사회에서 결혼이란 가문 간의 결속력을 강화하기 위한 것이었다. 그 때문에 신분 차이가 나는 상대와의 결혼은 당치도 않은 일이었으며, 어디까지나 이해관계가 일치하는 가문과 관계를 맺는 것에 불과했다.

그렇지만 신분이 다른 두 연인의 연애는 있었다. 많이 알려진 관계가 기사와 그 주군의 부인 사이의 연애다.

기사와 귀부인의 연애는 '궁정 연애'라고 불리며, 여러 창작물의 소재가 되었다. 이 연애에서는 성애나 정식 결혼은 대중적으로 인정받지 못했고, 어디까지나 비밀리에 이루어지는 것이 대전제였다. 또한, 기사는 귀부인에게 충성을 맹세하고 헌신하는 자세를 취해야 훌륭한 기사도 정신으로 인정받았다. 나아가 기사의 주군, 즉 귀부인의 남편이 둘의 관계를 인정하는 경우도 있었으며 오히려 아내를 이용하여 실력이 뛰어난 기사를 자신의 곁에 두는 주군도 있었다고 한다.

또한, 기사와 귀부인이 실제로 결혼한 예도 전혀 없지는 않다. 유명한 예로 잉글랜드 왕족이자 일찍 미망인이 된 캐서린과 그의 남편인 헨리 5세를 모시던 기사 오웬 튜더의 결혼이다. 둘은 오랜 시간에 걸쳐 사실혼 관계에 있었지만, 캐서린이 사망한 후에야 결혼 관계를 정식으로 인정받았다고 한다.

PART 2

평범한 서민들의 생활

중세의 생활 거점은 크게 도시와 농촌으로 나눌 수 있다. 사람들은 살아가는 장소에 따라서 하는 일이나 생활상이 완전히 달랐다. 이번 파트에서는 서민들의 있는 그대로의 생활을 살펴본다.

도시가 발전하는 장소와 구조

다양한 계층의 사람이 모이며 도시가 탄생했다.
도시가 탄생하는 배경을 보면 도시의 특징을 분류할 수 있다.

사람들이 사는 도시는 어떤 모습이었을까?

도시는 다양한 사람이 모이므로 드라마(drama)를 만들기 쉽다. 그런 드라마의 무대가 되는 도시의 기원을 아는 것은 작품을 만들 때 매우 중요하다. 중세 도시의 전형적인 사례로는 주교좌 도시(주교 도시라고도 부름)가 있다. 주교좌 도시는 대성당이나 수도원이 있는 지역에서 발달한 것으로, 주교나 수도원장이 지배했다. **종교적으로는 물론이고 사회적으로도 중요한 도시였다.**

11세기에 들어서자 새로운 유형으로 자치도시가 등장했다. 교역항을 중심으로 교역의 거점이 된 마을 같은 장소가 커다란 도시로 발전한 것이다. 주변 영주도 이런 마을을 보호하거나 원조함으로써 그 발전을 뒷받침했다.

특히 북이탈리아의 여러 도시에서는 상업이 발달하고 화폐 경제가 발전했다. 상인은 힘을 가지고 봉건영주와 신성 로마 황제의 간섭에 저항했다. 이것은 코무네(comune) 운동 또는 코뮌(commune) 운동이라고 불렸다. 이러한 자치도시, 즉 코무네는 주변 농촌의 징세권도 쥐고 있었기에 사실상 영역 국가(왕국·영방국가)와 비슷했다.

주교좌 도시 또는 자치도시 외에 황제의 직속 도시도 있었다. 신성 로마 제국의 황제가 자치권을 부여한 도시다. **도시의 입장에는 지방 영주와 동등한 지위가 인정된다는 장점이 있었고, 황제의 입장에서는 도시의 직속세가 들어오는 것이 장점이었다.**

또한 황제 직속 도시의 시민들이 힘을 얻으며 황제 직속 도시는 일명 '자유도시'라는 지위를 얻게 되었고, 대상인을 주축으로 번성했다. 이러한 자유도시들은 서로 동맹을 맺으며 오히려 황제에게 대항하기도 했다.

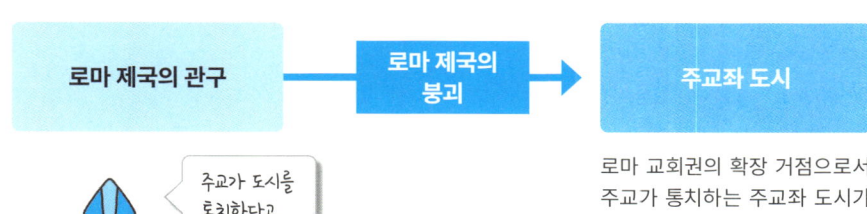

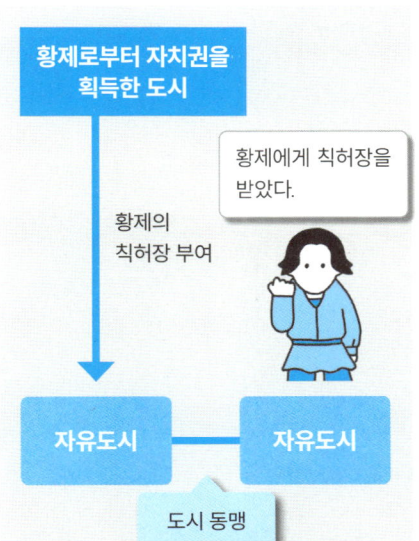

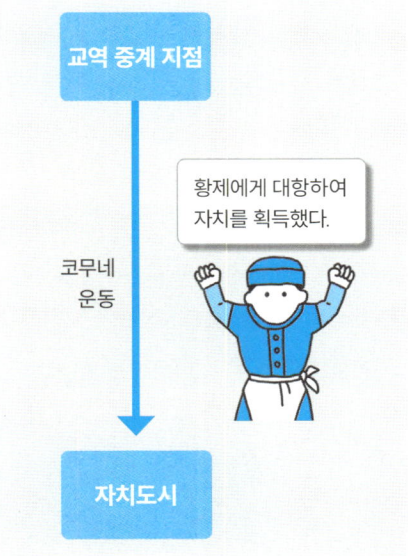

독일의 자유도시는 황제에게 충성을 맹세하고 병역 의무와 징세를 부담했다. 그 대신 도시의 자치와 재판권을 부여받았다.

북이탈리아에서는 신성 로마 황제의 지배권에 대항하여 농촌의 징세권도 획득했다. 이러한 코무네 운동을 통해 대도시 세력으로 점차 발전했다.

도시에 사는 사람들의 계급

도시에는 다양한 계급의 사람이 살았다. 소수의 권력자가 도시를 지배했고, 대부분의 사람들은 참정권이 없었다.

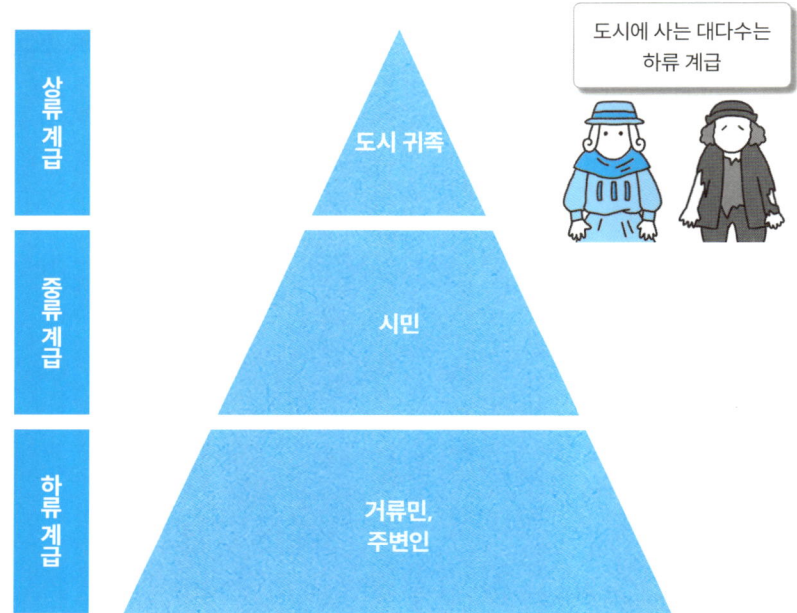

도시에 사는 대다수는 하류 계급

도시 귀족
- 귀족화된 대(大)상인들이 지배권을 쥐고 있었다
- 도시 참의회 관리직을 독점하는 지배층이다

시민
- 부르주아(부유층 지식인, 상공 길드의 장 등)
- 참정권을 가진다
- 일정 기간의 납세, 토지 보유가 조건
- 병역, 재판에 참여 의무

거류민
- 시민의 조건을 만족하지 못한 대다수의 사람들
- 소규모의 일을 가진 장인, 하급 관리인, 사형집행인, 고용인 등
- 참정권이 없다

주변인
- 사회적 차별과 멸시를 받는 사람들
- 매춘부, 거지, 방랑자, 도망자 등
- 참정권이 없다

도시의 주권 이동

이전에는 영주가 지배했던 토지의 시민이 중세 전반에 이르러 정치 참여를 요구하는 운동을 일으키게 된다. 그 결과, 시민이 재판권과 경찰권 등을 가진 자치도시가 늘어나게 되었다.

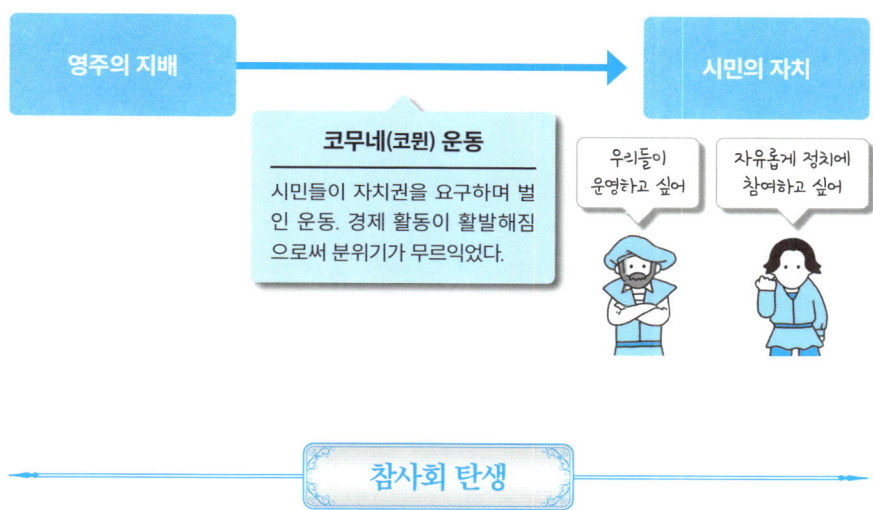

참사회 탄생

자치도시에서는 시장이나 길드, 유력 시민들이 선출한 참심원이 어느 정도의 자치권을 행사할 수 있는 참사회가 만들어졌다. 다만 이 구도는 도시에 따라 달랐다.

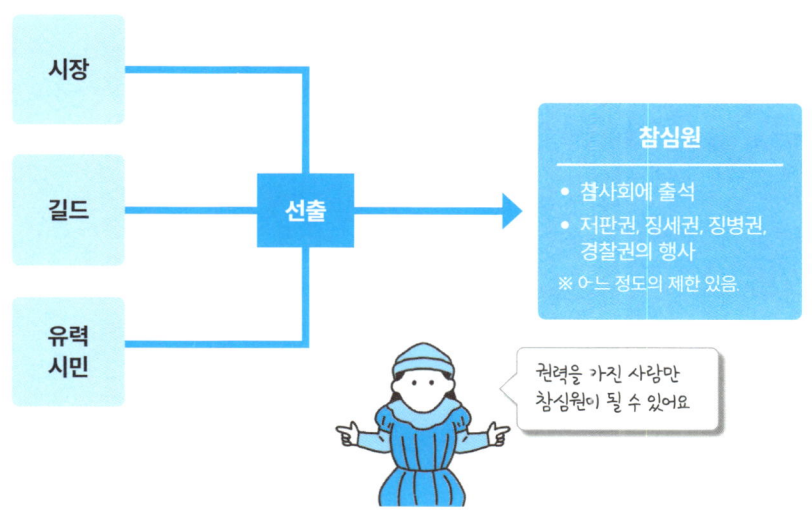

② 도시의 음식

정육점, 빵집, 주점 등 도시에서 일하는 상인

어느 시대이든 사람은 먹지 않고는 살 수 없다.
중세를 살았던 도시 사람들은 어떤 음식을 먹었을까?

음식에 관한 다양한 상인들

자급자족의 식생활이 기본이었던 농촌과는 달리, 중세의 도시 주민은 현대와 마찬가지로 상인에게 식자재나 요리를 구입했다.

음식에 관한 대표적인 도시 장사로 정육점이 있다. **고기는 꾸준히 소비되는 식자재로서 매우 중요했기에 고기를 취급하는 정육점은 큰 힘을 지니고 있었다.**

주식인 빵을 취급하는 장사는 빵집이었다. 빵집에서는 현대와 마찬가지로 빵을 팔고, 제빵사는 손님이 가져온 제빵 재료를 구워서 빵을 만들고 대가를 받았다(86쪽 참고).

채소, 생선, 소금, 우유, 식용유, 포도주 등 꽤 다양한 식료품을 취급하는 가게도 있었다. 상설 매장도 있었고 도시 외부에서 상품을 가지고 오는 행상인도 있었다.

요리를 제공하는 요리사는 주로 주점 또는 야외 식당인 노점에서 일했다. 요리사는 때때로 부유한 사람에게 고용되기도 했는데, 부유층은 대규모의 연회를 좋아했기에 이러한 연회에서도 솜씨를 뽐냈다.

연회에서는 내장 요리나 푸딩, 소시지 등의 전채로 시작하여 소, 사슴, 돼지, 닭, 거위, 학 등의 고기 요리, 장어, 청어 등의 생선 요리, 포타주(Potage) 수프, 살구, 체리, 복숭아, 배 등의 과일, 웨하스 등의 과자를 비롯한 호화로운 식사가 나왔다고 한다. **반면, 빈곤층은 허접한 수프나 빵만으로 식사를 마쳤으며 부유층과는 커다란 격차가 있었다.**

중세의 식자재 조달

중세 유럽은 자급자족이 아니라 화폐나 물물교환으로 식자재를 조달하는 것이 주류였다. 그 때문에 다양한 식자재를 취급하는 상인이 나타났다. 참사회는 품질과 가격을 적정하게 유지하기 위해 지시를 내리는 역할을 했다.

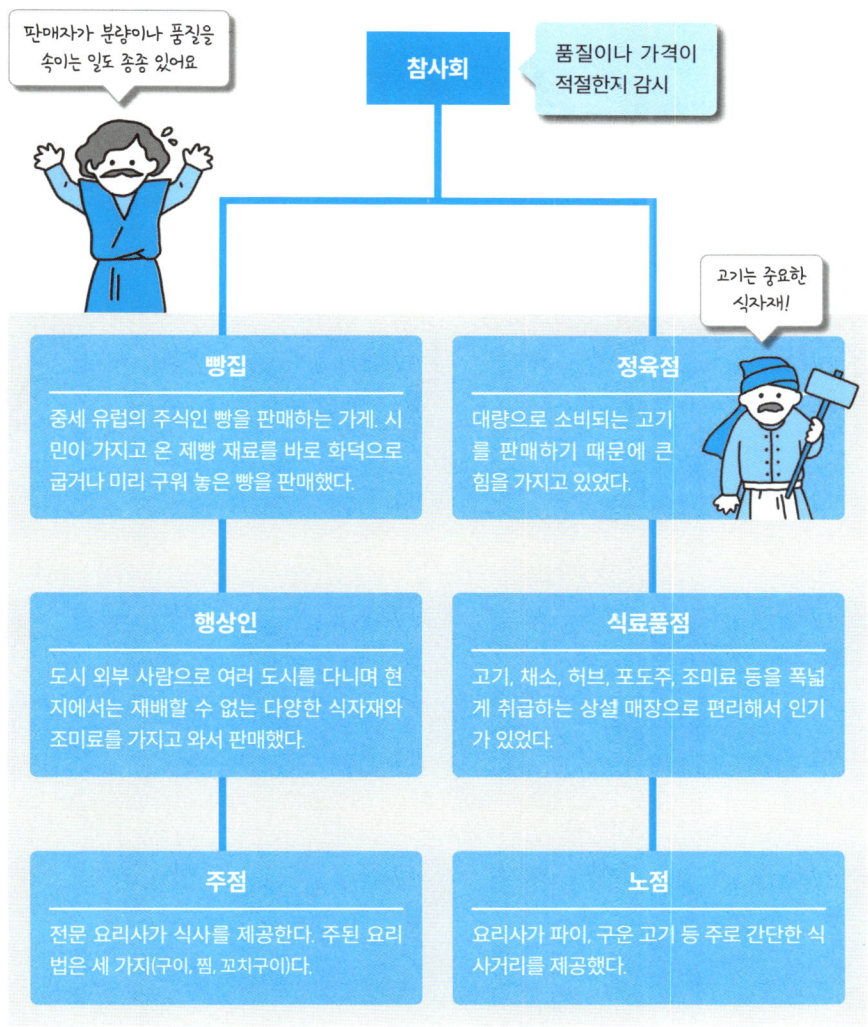

참사회
- 품질이나 가격이 적절한지 감시

판매자가 분량이나 품질을 속이는 일도 종종 있어요

고기는 중요한 식자재!

빵집
중세 유럽의 주식인 빵을 판매하는 가게. 시민이 가지고 온 제빵 재료를 바로 화덕으로 굽거나 미리 구워 놓은 빵을 판매했다.

정육점
대량으로 소비되는 고기를 판매하기 때문에 큰 힘을 가지고 있었다.

행상인
도시 외부 사람으로 여러 도시를 다니며 현지에서는 재배할 수 없는 다양한 식자재와 조미료를 가지고 와서 판매했다.

식료품점
고기, 채소, 허브, 포도주, 조미료 등을 폭넓게 취급하는 상설 매장으로 편리해서 인기가 있었다.

주점
전문 요리사가 식사를 제공한다. 주된 요리법은 세 가지(구이, 찜, 꼬치구이)다.

노점
요리사가 파이, 구운 고기 등 주로 간단한 식사거리를 제공했다.

부유층의 식사

연회의 모습

부유층의 식사는 많은 사람이 참석하여 연회처럼 벌어지는 일이 많았다. 이들은 재력을 활용하여 매일 호화로운 식사를 펼쳤다.

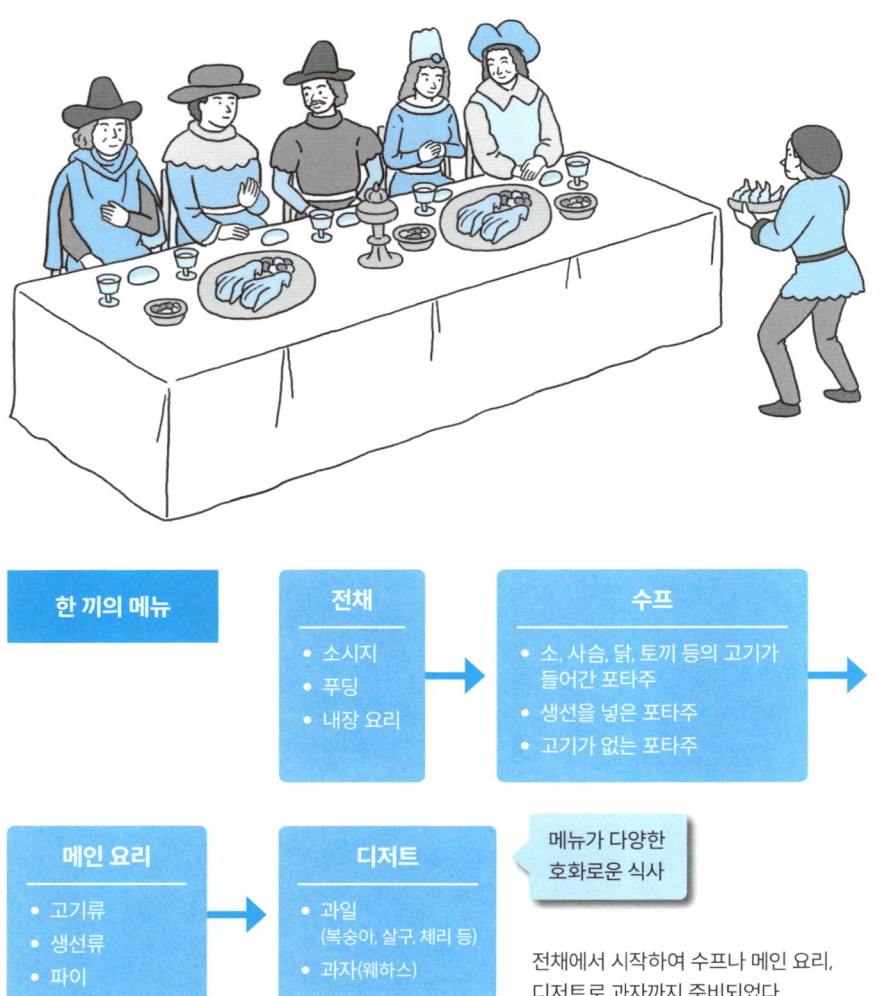

한 끼의 메뉴

전채
- 소시지
- 푸딩
- 내장 요리

수프
- 소, 사슴, 닭, 토끼 등의 고기가 들어간 포타주
- 생선을 넣은 포타주
- 고기가 없는 포타주

메인 요리
- 고기류
- 생선류
- 파이

디저트
- 과일 (복숭아, 살구, 체리 등)
- 과자(웨하스)

메뉴가 다양한 호화로운 식사

전채에서 시작하여 수프나 메인 요리, 디저트로 과자까지 준비되었다.

빈곤층의 식탁

무료치료소의 모습   빈곤층의 식사는 부유층이나 일반 시민과 크게 달랐다.

빈곤층 → **무료치료소의 시혜**

식자재를 구입할 돈이 없다

빈곤층은 스스로 식자재를 살 수 없었기 때문에 수도원이나 부유층이 경영하는 무료치료소에서 약간의 시혜를 받았다.

한 끼의 메뉴

허접한 빵 **수프**

무료치료소의 시혜는 빵과 수프였다. 겨우 연명할 정도의 부족한 식사로, 만족할 수 있는 수준은 도저히 아니었다.

아침에 목욕하는 것이 일반적

'중세는 제대로 씻지 않았던 시대 아니야?'라고 생각하기 쉽지만,
사실은 몸을 청결히 유지하기 위한 목욕 습관이 문화적으로 뿌리내리고 있었다.

목욕탕은 사교장이며 오락까지 즐길 수 있었다

평소에 서양사에 관심이 있는 교양인이라면 중세 유럽이 '청결하지 않다'는 인상을 갖기 쉽지만, 특히 중세에서도 도시에 살던 사람들은 누구나 목욕을 즐겼다. 도시에서는 보통 집에 있는 욕실에서 씻지 않고 대중 목욕탕에 갔다. 따라서 목욕탕은 여러 사람이 모이는 사교의 장으로서 기능했고, 도시에는 자연스럽게 목욕탕이 많았다. 현대의 우리는 하루의 피로를 풀기 위해 저녁에 목욕하는 경우가 많지만, **중세에는 몸을 청결하게 만들고 몸을 단장하는 것이 큰 목적이었으므로 하루의 시작인 아침의 이른 시간에 목욕하는 것이 보통이었다.**

목욕탕의 주인은 이른 아침에 큰 목소리로 호객을 하며 손님을 불러 모았다고 한다. 참고로 중세 도시에서는 큰 소리로 호객하는 것이 일상적이었다. 그러나 동이 트기 전의 호객 행위는 금지되어 있었다. 이것은 노상강도까지 불러들이는 것을 막기 위해서다.

목욕탕은 농촌에도 존재했다. 이 사실을 통해 중세 시대에 목욕은 보편적인 문화였다는 사실을 짐작할 수 있다. 농촌의 목욕탕은 물을 쉽게 길어오고, 만일을 대비해 불이 나는 것을 막기 위해 강가에 있었다. 빵집의 화덕에서 나오는 증기를 이용하는 사우나 시설도 있었는데, 이런 경우에는 빵집이 목욕탕을 겸업하기도 했다.

한편, 도시의 목욕탕은 농촌보다 컸고 여러 종류의 욕탕이 있었으며 온수욕, 사우나, 세신, 머리 감기, 이발 등의 서비스를 이용할 수 있었다. 또한 음식과 술을 먹고 마시거나 도박 등의 오락도 즐길 수 있었다. **하지만 그 결과, 목욕탕은 매춘이나 범죄의 온상이 되기도 했으며 중세 후기에 이르러 점차 매춘굴로 변하게 된다.** 더욱이 역병이 유행함에 따라 목욕탕 문화는 쇠퇴하게 되었다.

목욕탕의 역할

목욕탕은 시가지에 하나쯤은 있는 지극히 친근한 시설이었다. 신분에 상관없이 누구나 이용할 수 있었고, 다양한 역할을 지니고 있었다.

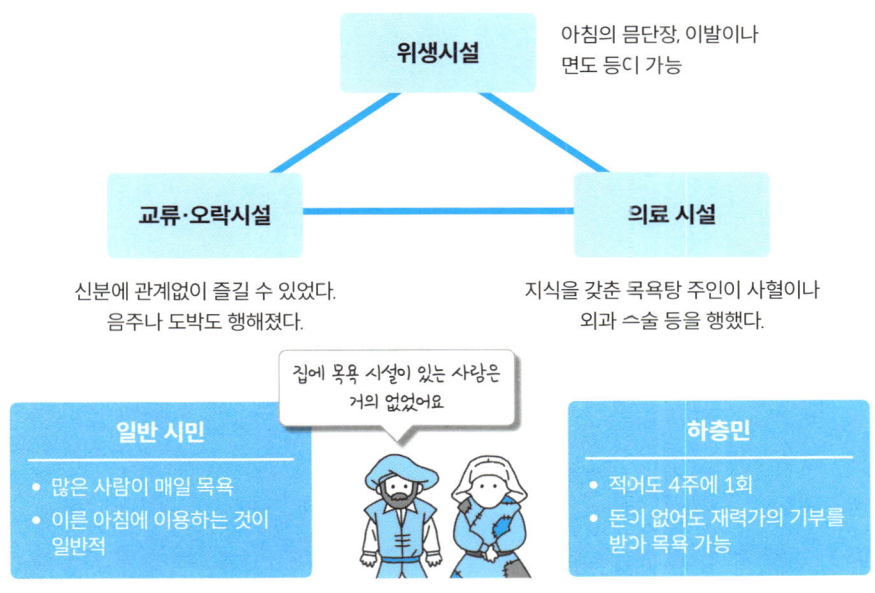

위생시설 — 아침의 몸단장, 이발이나 면도 등이 가능

교류·오락시설 — 신분에 관계없이 즐길 수 있었다. 음주나 도박도 행해졌다.

의료 시설 — 지식을 갖춘 목욕탕 주인이 사혈이나 외과 수술 등을 행했다.

집에 목욕 시설이 있는 사람은 거의 없었어요

일반 시민
- 많은 사람이 매일 목욕
- 이른 아침에 이용하는 것이 일반적

하층민
- 적어도 4주에 1회
- 돈이 없어도 재력가의 기부를 받아 목욕 가능

지역별 목욕탕의 형태

도시와 농촌에 있던 목욕탕은 그 규모나 시설이 꽤 달랐다. 대인원을 수용할 수 있는 도시의 목욕탕은 서비스가 다양했지만 치안이 그다지 좋지 않았고, 점차 쇠퇴하게 되었다.

도시
- 시가지에 있었다.
- 여러 욕실을 갖췄다(온수욕, 사우나 등)
- 마사지나 세신 등의 서비스
- 범죄나 매춘이 횡행했다.

농촌
- 물을 확보하기 쉽고 방화에도 도움이 되는 강변에 위치
- 온수욕, 사우나 중 어느 하나
- 빵집에서 나오는 증기로 사우나를 하는 곳도 있었다.

배설물은 정원에?!
화려하지만은 않은 도시의 실태

당시는 균이나 병원체에 관한 지식이 없었기에 위생 관념이 발달하지 못했다.
특히 도시의 화장실이나 쓰레기는 심각한 문제를 일으켰다.

역병의 원인이 되기도 한 화장실 사정

앞서 58쪽에서 소개한 것처럼, '중세는 불결하다'라는 이미지와 다르게 목욕 문화가 깊게 뿌리내리고 있었지만, 그래도 현대와 비교하면 위생 관념은 훨씬 뒤떨어진 것이 사실이었다.

예를 들어 목욕은 나약한 행위라고 믿는 농민이나 사치스러운 행위라고 생각하는 수도사도 있었다. 이런 사람은 목욕을 하지 않았고, 소유한 옷도 많지 않았기에 몸에서 벼룩과 이가 들끓었다.

또한 당시의 화장실은 현대인의 감각으로는 상상할 수도 없는 수준이었다. **많은 사람들이 요강형 변기를 이용했고, 배설물은 사람이 잘 다니지 않는 이른 시간에 도로에 그대로 던져 버리곤 했다.**

일부 수도원에는 수세식 화장실도 있었지만, 건물에 화장실이 있다고 해도 고작 돌출창을 활용한 오물 배출구가 많았다. 이러한 화장실은 건물의 튀어나온 부분에 만든 것으로 건물 밖에 쌓인 배설물은 방목하며 키우는 돼지에게 먹였다. 성에도 돌출창식 화장실이 있었지만, 그대로 정원에 방출하여 처리하는 경우가 많았다.

쓰레기도 도로에 그냥 버렸으므로 도시의 도로는 늘 더러웠고, 상수도까지 오염되어 역병이 유행하는 원인이 되었다. 농촌 주민도 도시 주민과 마찬가지로 위생 관련 지식은 없었지만, 화장실과 쓰레기에 관해서는 농촌 쪽의 사정이 훨씬 나았다. 화장실은 가축 막사 등에서 해결했고, 배설물은 비료로 사용했다. 마찬가지로 쓰레기도 모아서 불에 태워서 재로 만든 후에 비료로 사용했다. 농촌에서는 재활용까지 이루어진 것이다.

도시의 위생 개념

도시의 위생 관리 상태는 꽤 심각한 수준이었다. 도로에는 배설물과 쓰레기가 넘쳐났고, 이는 역병의 유행으로도 이어졌다.

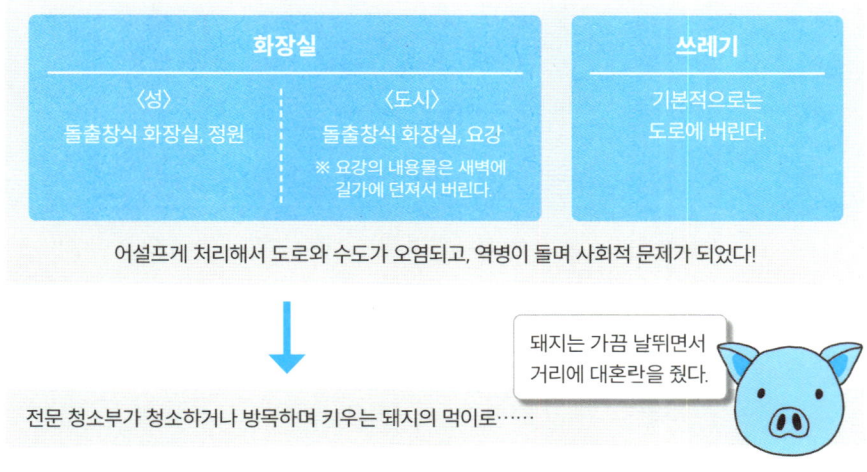

농촌의 위생 개념

농촌에서는 배설물과 쓰레기를 모아서 가축의 먹이나 농작물의 비료로 만들어 유효하게 활용하는 일이 많았다.

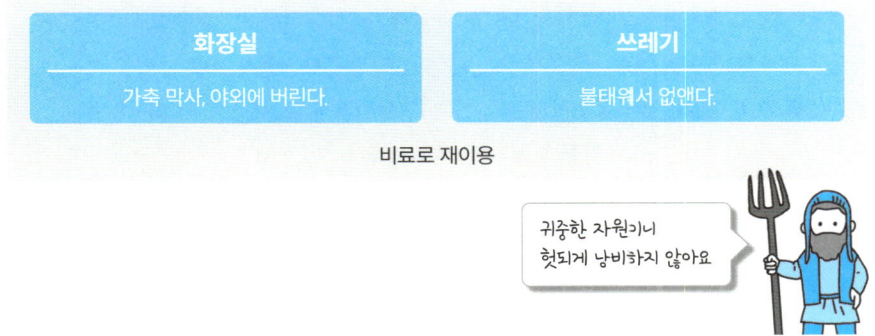

어른은 도박, 아이는 곤충을 장난감으로

도시에 사는 사람에게 오락은 중요한 문화였다.
중세 사람들도 현대와 마찬가지로 어른과 아이 모두 오락을 즐겼다.

최대 오락은 바로 축제였다

어느 시대이든 사람들은 오락을 추구한다. 중세 세계관을 설정할 때 사람들의 생활을 풍요롭게 만드는 오락을 제대로 묘사함으로써 작품의 깊이를 더할 수 있다. 58쪽에서도 언급했지만 도시의 목욕탕은 사교장이면서 음주나 도박을 즐기는 공간이기도 했다. 매춘부도 있었기에 어른의 오락 공간에서 빼놓을 수 없는 것이었다.

주점에서는 음주나 식사는 물론이고, 도박도 즐길 수 있었다. 다만 사기 도박도 횡행했기에 큰돈을 잃는 사람도 드물지 않았다. **목욕탕이나 주점이 일상생활의 오락이라면 비일상적인 커다란 오락은 축제다. 축제 때는 교회에 설치된 무대에서 예배극(그리스도교의 교리와 성서를 민중에게 이해하기 쉽게 알리는 극)이 열렸다.** 이런 극은 전문 배우가 아니라 민중들이 직접 연기했다. 또한 음유시인, 곡예사, 동물을 이용한 공연도 인기를 끌었다.

축제 외의 비일상적인 이벤트로는 왕후 귀족의 퍼레이드나 죄인의 처형식도 많은 구경꾼을 모았다. 일종의 오락이라고 할 수 있겠다. 앞에서 소개한 목욕탕과 주점은 어른용 오락 시설의 역할을 했지만, 당연히 아이들도 오락을 즐겼다. 아이들은 **곤충을 잡아서 끈에 묶어서 날리는가 하면, 공놀이나 술래잡기, 그네, 줄넘기, 죽마, 활쏘기를 좋아했다.** 힘을 쓰는 오락은 어른들도 즐겼으며 달리기, 돌 던지기, 볼링, 격투기 등으로 서로 겨루었다. 이러한 스포츠는 내기를 걸기 좋아서 어른들을 보다 더 열광시켰다.

어른의 오락

어른은 주로 주점이나 목욕탕 등의 사교장에서 교류했다. 특히 도박에 열광하는 사람이 많았다고 한다. 그 밖에도 축제나 퍼레이드 등 정기적으로 열리는 행사도 큰 이벤트였다.

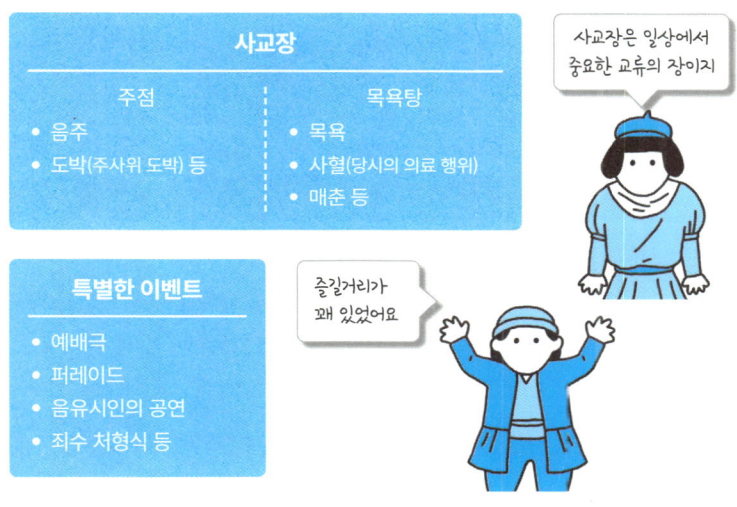

아이의 오락

아이의 놀이는 몸을 쓰는 것이 많았다. 또한 어른도 함께 놀기도 하고, 아이들의 놀이를 내기에 이용하는 일도 있었다.

슈퍼마켓이 없던 시대, 시장은 핫플레이스

중세 물류의 중심은 도시에서 정기적으로 열리던 시장이었다.
장이 열리면 외부 상인들도 많이 방문하여 크게 붐볐다.

영주는 경제 활성화를 위해 상인들의 편의를 도모했다

경제 발달은 도시가 발전하는 큰 원동력이 되었다. 교역의 거점이 된 지역이 도시로서 성장한 것이다. **슈퍼마켓이나 백화점이 없는 중세에서 상품 유통의 중심이 된 것은 바로 시장이다. 시장은 정해진 장소에서 정기적으로 열렸다.** 매일 열리는 일일 시장, 매주 열리는 주간 시장, 1년에 몇 번 열리는 연간 시장이 있었고, 장소는 주로 광장이나 공터 등이었다.

시장이 열리면 그 도시에 사는 상인뿐 아니라 외부에서 온 상인도 가게를 차렸다. 상품뿐만이 아니라 화폐도 많이 유통되므로 환전상이나 대부업자도 시장에 찾아왔다. 심지어 떠돌이 광대가 공연을 펼치기도 했다. 따라서 시장은 축제 같은 면도 있었다.

시장 중에서도 특히 규모가 큰 것은 '정기시'라고 불렸고, 영주는 경제를 발전시키기 위해서 이러한 시장을 적극적으로 보호했다. **영주의 통솔 아래에서 큰 길거리는 안전을 위한 경비가 이루어졌고, 통행세를 감세했으며, 상인 전용 숙소를 준비하는 등 외부에서 찾아오는 상인의 편의를 도모했다.** 또한 감시관이 상거래를 공정하게 유지하기 위해 감시했고, 편리한 결제를 위한 수표나 공증인의 기록도 도입되었다.

정기시로 유명했던 것은 프랑스의 샹파뉴 지역에서 열렸던 '샹파뉴 정기시'였다. 이 정기시는 프랑스 왕과 샹파뉴 백작이 적극적으로 보호했으며, 먼 곳에서 온 무역상, 인근의 상점주, 행상인, 거리 공연자, 매춘부, 걸인 등이 모이며 항상 크게 북적거렸다.

시장의 구조

```
                    영주
```

중세 유럽의 각지에서 정기적으로 열렸던 시장은 물류의 중심을 담당했다. 대규모 시장은 영주도 적극적으로 개최를 후원했다.

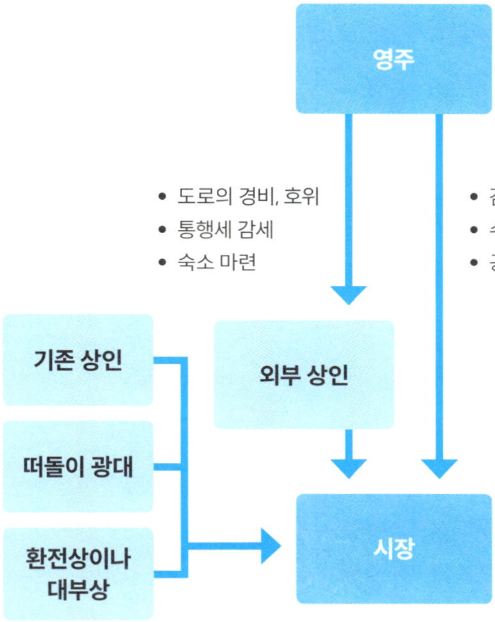

- 도로의 경비, 호위
- 통행세 감세
- 숙소 마련

- 감시관의 상거래 체크
- 수표 발행
- 공증인의 기록

기존 상인	→	외부 상인
떠돌이 광대		
환전상이나 대부상	→	시장

> 규모가 큰 시장은 적극적으로 보호받았어요

샹파뉴 정기시

> 한 번 열리면 40~50일간 개최!

시장 중에서도 지중해와 북해, 발트해의 중계 지점이 된 샹파뉴 지방의 정기시는 가장 발전했다. 40~50일 정도의 정기시가 1년에 6회, 다시 말해 거의 일 년 내내 어딘가의 도시에서 개최되었다는 말이 된다.

1월	3월	5월	7월	9월	11월
라니쉬르마른 (Lagny-sur-Marne)	바르쉬르오브 (Bar-sur-Aube)	프로방스 (Provence) 북부	트루아 (Troyes) 여름 시장	프로방스 남부	트루아 겨울 시장

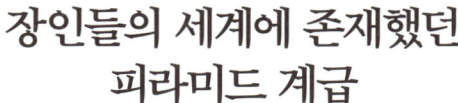

장인들의 세계에 존재했던 피라미드 계급

제조업에 종사하는 장인은 도시에 없어서는 안 될 존재였다.
그들은 동업자 조합을 결성하여 도시 내에서의 발언력을 키웠다.

장인들은 조합을 만들어 힘을 모았다

장인은 도시 생활에서 필요한 다양한 물건을 만들어 파는 꼭 필요한 사람들이었다. 장인은 신분을 보증받은 자유민으로, 전문 기술을 보유한 사람들이었다. 주요 장인으로는 목공, 석공, 대장장이, 직조공, 제분업자, 제빵사, 무두장이, 신발 장인, 초 장인 등이 있었다.

12~13세기의 신흥 도시에서 장인들은 눈부신 활약을 보였다. **경제적으로 급발전하는 신흥 도시에서는 주민들이 자급자족하며 생활하기 어려웠고, 장인들의 힘이 필요했기 때문이다.** 일을 찾아 도시로 유입된 장인들은 자연스럽게 같은 구획에 모여 장사를 했고, 이윽고 동업자 조합을 맺었다. 동업자 조합은 '길드(Guild)' 또는 '춘프트(Zunft)'라고 불렸다. **길드는 상인이나 장인들이 서로 협력하여 자신들의 생계를 지키고 작업을 안정화하는 것이 목표였다.**

길드는 관련 업종이 모여서 결성된 길드와 특정 업종 길드에서 분화된 길드가 있었다. 전자의 예는 목수나 미장이 같은 건설업 장인들이 모인 건축 길드이며, 후자의 예는 마구(馬具) 장인 길드에서 파생되어 가죽 작업을 하는 피혁 가공 길드가 있다.

길드는 취급하는 상품에 따라 지위가 달랐다. 고가의 상품을 취급하는 길드의 장인이나 상인 및 빵집, 정육점, 생선 가게 같은 일부 식품업자의 지위가 높았고, 저가의 상품을 취급하는 길드의 장인과 상인의 지위는 낮았다. 그중에서도 귀금속 세공사의 지위는 매우 높았다.

중세 유럽의 장인

장인은 특이한 지위의 사람들이었다. 원래 중세의 신분은 '싸우는 자, 기도하는 자, 일하는 자'라는 3가지 기준으로 나뉘어 있었지만, 그 어디에도 확실하게 속하지 않았던 것이다. 그들은 자신만의 특기 분야에 종사하며 생계를 꾸려 나갔다.

장인은 자유로운 신분이었죠

- 전문 분야의 작업으로 생계를 꾸린다
- 식량 생산에는 종사하지 않는다

← 영주 밑에서 작업하며, 농촌의 분업제에서 탄생했다

장인의 종류

장인은 도시와 농촌에 모두 존재했고, 각각의 환경에 밀접하게 연관된 작업을 했다.

도시의 장인

성의 일상 생활에 필요한 것을 제조한다.

석조 건물 짓기 / **일상 생활에 빼놓을 수 없는 광원**

석공: 성이나 대규모의 사원 건설에 종사했다. 당시 건축물에서 흔히 볼 수 있는 세밀한 장식도 새겼다.

초 장인: 짐승의 기름이나 밀랍으로 초를 제조했다. 교회 예식에서는 밀랍으로 만든 것을 선호했다.

농촌의 장인

농민이 할 수 없는 작업을 담당했다.

목조 건물 짓기 / **베틀로 의복 제작**

목공: 농민이 사용하는 가옥이나 시설을 세웠다.

직조공: 농민이 만들 수 없는 천을 제작했다.

〈다른 장인들〉
- 대장장이
- 신발 장인
- 제빵사
- 무두장이 등

길드의 발생

일을 찾아 상인과 장인이 도시로 모여들었다.

생활 보호 및 작업의 안정화를 위해 결탁

↓

동업자 조합(길드)의 탄생

기원에는 여러 설이 있습니다

길드의 상징

```
        표식
       /    \
      /      \
    인장 ―― 금고
```

길드별로 표식, 인장, 금고 세 가지를 공유했다.

길드의 업무

```
         길드
       ↑    ↓
   상품   조합 가입 허가,   가입
   감시   장인의 고용인 수   신청
          관리
   시 당국         장인
```

길드는 조합의 가입 수속이나 장인의 고용인 수를 관리하고 감시했다. 시 당국은 상품의 품질이나 가격을 감시했다.

길드의 종류

길드는 두 종류가 있었는데 먼저 군주에게 승인받은 것 그리고 도시의 지배하에 있는 것이었다. 길드 안에서 서로 연결된 분업 활동은 그다지 없었으며, 여러 업종으로 구성되는 경우도 있었다.

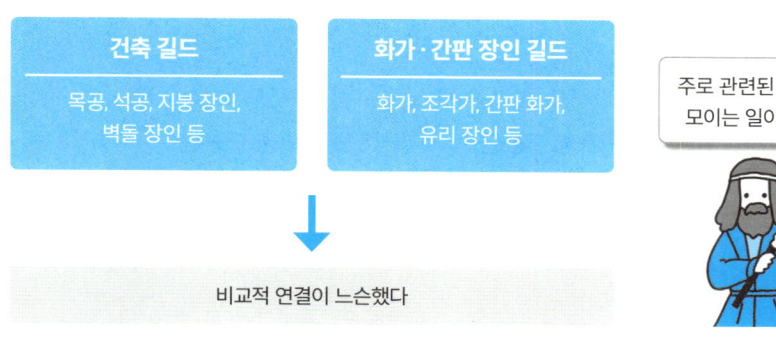

건축 길드
목공, 석공, 지붕 장인, 벽돌 장인 등

화가·간판 장인 길드
화가, 조각가, 간판 화가, 유리 장인 등

주로 관련된 업종이 모이는 일이 많다.

비교적 연결이 느슨했다

길드의 지위

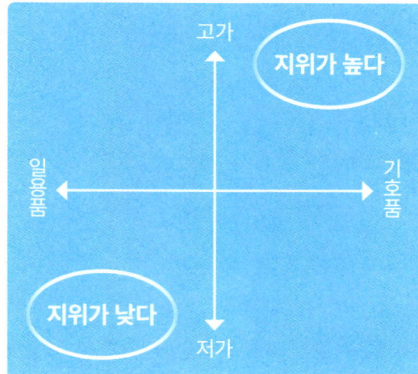

길드의 권한과 의무

권한
- 수장이 길드원을 임명한다.
- 무기와 보호구는 수장이 부담하여 제공한다.
- 가격, 품질, 판매량의 결정 등

의무
- 길드의 병사로 활동해야 한다.
- 도시마다 맡겨진 활동이 있다.

길드의 지위는 기본적으로 제조하던 상품에 따라 정해졌다. 고가이며 필수품이 아니라 기호품에 사용되는 물건을 만드는 길드는 지위가 높았고, 저렴한 일용품을 만드는 길드의 지위는 낮았다.

길드는 상품에 관한 다양한 결정권을 가지고 있었고, 장인 모두가 불이익을 받지 않도록 조정했다. 또한 병사로서의 활동이나 도시별로 맡겨진 활동을 해야 하는 의무도 있었다.

⑧ 민병과 경찰

기사만 싸우는 게 아니다! 도시를 지키는 위병들

중세의 전사라고 떠올리면 물론 기사가 유명하지만, 시민들이 자치를 행하는 신흥 도시에서는 시민 중에서 징병한 민병이 도시를 지키기 위해 싸웠다.

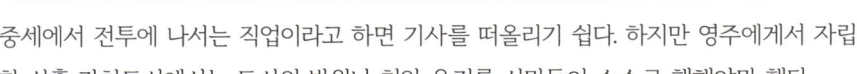

기사에게 지지 않을 무력을 갖춘 위병들

중세에서 전투에 나서는 직업이라고 하면 기사를 떠올리기 쉽다. 하지만 영주에게서 자립한 신흥 자치도시에서는 도시의 방위나 치안 유지를 시민들이 스스로 행해야만 했다.

행정구나 가구(街區)별로 편성된 시민병이 위병으로서 도시를 지키기 위해 싸웠다. 위병은 행정구·가구, 그리고 상인·장인 길드에서 징병했다. 길드는 무장권을 가지고 있었기에 유사시에는 장인이 무장하여 병사로서 싸웠다.

위병들은 성문이나 성벽 경비, 야간 경비 등을 담당했다. 또한 영주 등의 지배를 받는 도시의 시민들은 약 40일 정도의 병역 의무를 부여받는 일도 있었다.

징병된 사람들은 본래 평범한 시민이었다. 따라서 병사들의 지휘를 담당하는 것은 그 도시에 사는 기사나 용병이 많았다. 위병들은 비록 전문적인 전투 프로는 아니었지만, 제대로 훈련받은 시민병은 무시할 수 없는 존재였다. 특히 석궁으로 무장한 길드병이 기사단을 이길 정도의 실력을 갖추고 있었다고 한다.

자치 도시의 치안을 지키는 직업 중에는 경찰도 존재했다. **그들은 시의회에 고용된 관리직으로, 맡은 업무는 범죄자 체포, 사건 중재, 야간 경비 감독, 형장 호위 등이었다.** 급료가 저렴했기에 경찰의 대부분은 부업 활동을 했다. 시민에게 뇌물을 요구하는 자도 있었기에 종종 시민에게 미움을 받았다.

민병의 구조

자치도시에서는 치안 유지나 전투를 시민들이 직접 행했다. 따라서 징병제로 민병을 모아 순번제로 일을 시켰으며 전투 능력이 뛰어난 민병군도 있었다고 한다. 또한 기사를 이길 정도의 실력을 지닌 지역도 있었다.

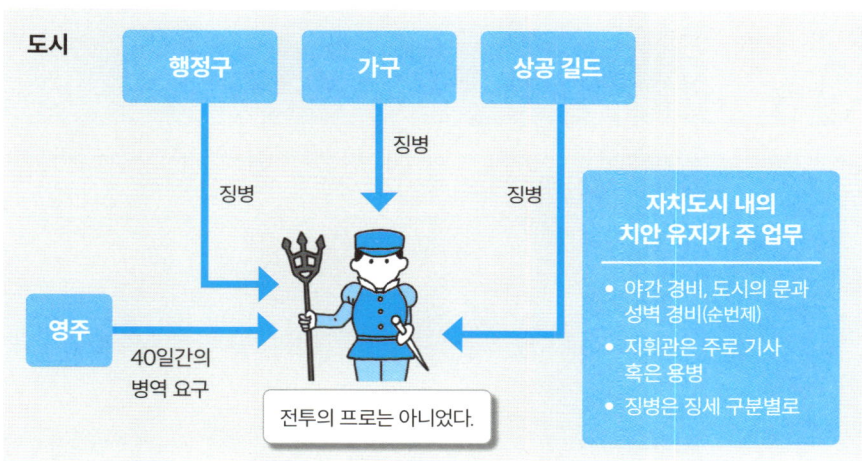

경찰의 구조

경찰은 주로 범죄자 체포나 사건 중재를 담당했다. 시의회에 고용된 관리직 중에서 체격이 좋은 자를 위주로 선발했다. 임금이 낮아서 뇌물을 받는 등 부정을 저지르는 자도 많았기 때문에, 경찰에 대한 시민의 인식 및 평가는 지극히 낮은 편이었다.

주 업무는 범죄자 대처

- 범죄자 체포, 연행
- 야간 경비의 감독
- 제복을 입고 무장
- 시의회에 고용된 관리직 중 선출
- 임금이 낮아 부업을 하는 사람이 많았다.

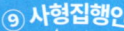

⑨ 사형집행인

법의 심판을 수행했지만, 거리에서 미움받는 자

사형집행인은 범죄자를 구류하여 조사하고 형을 집행하는 직업인이었다.
사회 질서를 위해 중요한 역할을 했지만 시민에게는 미움을 받았다.

피해자를 대신해서 범죄자에게 형벌을 가하는 사람

중세 도시에서 사형집행인은 범죄자에 대한 형 집행을 담당했다. 본래 유럽에서는 피해자나 그 친족이 직접 범죄자를 잡아서 형을 집행해야만 했다. 하지만 도시에서는 무장이나 개인적인 보복이 금지되었기에 일반 시민인 피해자나 친족이 범죄자에게 맞서 싸우기는 어려웠다.

그래서 생겨난 직업이 사형집행인이다. **사형집행인은 도시의 관리직에게 의뢰를 받으면 범죄자를 구류하고 조사를 진행했으며, 판결이 내려지면 형을 집행했다.** 이후에는 조사뿐만 아니라 고문까지 담당하게 되었다(고문이나 처형에 필요한 비용은 피고가 부담했다).

사형집행인은 '천민'의 직업으로 여겨졌지만, 그들은 다른 부업도 가지고 있었다. 예를 들어 가축의 사체 처리, 오물 청소, 창관 관리, 싸구려 주점 경영 등을 꼽을 수 있다. 또한 인체에 관한 지식이 풍부했기에 의사로 일하는 자도 있었다.

형을 집행하고 도시의 질서를 지키는 중요한 역할을 다했던 사형집행인이지만, 시민에게는 차별을 받았다. **범죄자이긴 하지만 사람을 처형하는 존재였다는 이유로 천시받았고, 가축의 사체 처리나 오물 청소 같은 부업도 편견을 불러일으킨 것이다.**

또한 사형집행인은 시민과 대화하는 것도 허용되지 않았고 교회도 그들을 인정하지 않았기에 평범한 묘지에 묻히는 것도 허가되지 않았다(사망한 사형집행인은 묘지 변두리나 자살한 사람용 묘지에 매장되었다). 당연히 일반 시민과 사형집행인의 결혼도 허용되지 않았다. 이러한 이유로, 사형집행인들은 서로 강하게 단결하여 기술을 갈고 닦아 자긍심을 지켰다고 한다.

사형집행인의 일

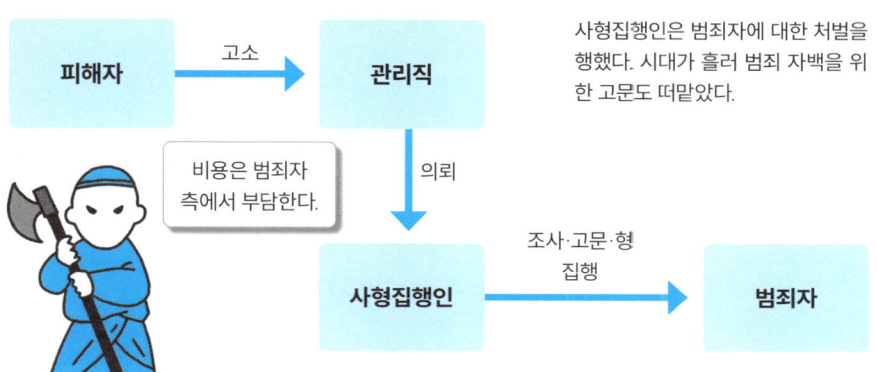

사형집행인은 범죄자에 대한 처벌을 행했다. 시대가 흘러 범죄 자백을 위한 고문도 떠맡았다.

사형집행인의 생활

사형집행인은 경제적으로는 유복했지만, '천민'으로서 극심한 차별을 받았다. 하지만 그들의 부업은 전부 도시 운영에 빼놓을 수 없는 것이었고, 사회에는 크게 공헌했다.

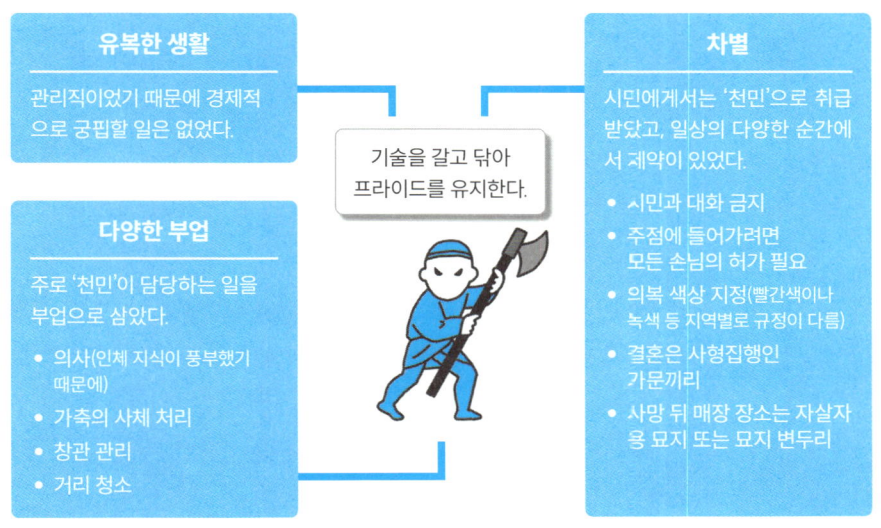

빈곤을 내세운 비즈니스의 등장

귀족, 성직자, 상인, 장인과 같은 직업에 해당하지 않는 사람들도 중세 도시에서 생활했다.
어떤 직업을 가진 사람들이 있었을까?

사회의 틀에서 벗어난 사람들

도시에는 지금까지 소개한 직업 외의 사람들도 생활하고 있었다. 그런 사람들 중 대부분은 사회적 신분이 낮았다. 중세 세계관에서 이런 사람들의 모습을 생생하게 묘사하면 작품의 설정이 더욱 풍성해질 것이다.

중세 도시에는 가장 오래된 직업으로 알려진 매춘부도 있었다. **전쟁으로 인해 남성 인구가 줄어드는 시기에는 여성들은 오로지 자신의 힘으로 살아나가야 했지만, 당시에는 뛰어난 기술로 장인이 되거나 매력적으로 뽐낼 재능이 없다면 몸으로 돈을 버는 길로 들어설 수밖에 없었다.**

방랑객인 집시(로마, 로마니라고 불린다)도 도시의 주민이었다. 여기저기를 떠돌아다니며 사는 집시들은 유럽에서는 12세기 무렵부터 역사 속에서 등장한다. 민중들은 독자적인 가치관을 가진 집시들의 언행을 좀처럼 쉽게 이해하지 못했다.

빈민층인 사람들은 어떤 의미에서는 부유층에게 필요한 존재였다. **'부자가 천국에 가기는 쉽지 않다'라는 기독교의 가르침이 있었기에 부유층은 적극적으로 거지나 빈민을 지원했다.** 이러한 구조를 이용하여 스스로가 자처해서 거지가 되는 '비즈니스 거지'도 나타났다고 한다.

그 외에는 유랑 시인, 악사, 어릿광대, 유랑 연예인 등이 있었다. 유랑 시인은 각지의 궁정 등에서 서정적인 노래를 불렀다. 악사는 악기를 연주하며 그 반주를 맡았다. 어릿광대는 사람들을 웃기는 직업으로, 신체적인 핸디캡을 가진 사람도 적지 않았다. 유랑 연예인은 그 이름대로 각국을 유랑했던 연예인이다.

거지·빈민의 구조

당시의 지배층은 기독교의 정신적 규범에 따라 거지나 빈민을 구제하며 사후에 천국에 가고자 이용했다. 따라서 거지나 빈민은 필수적인 존재였다.

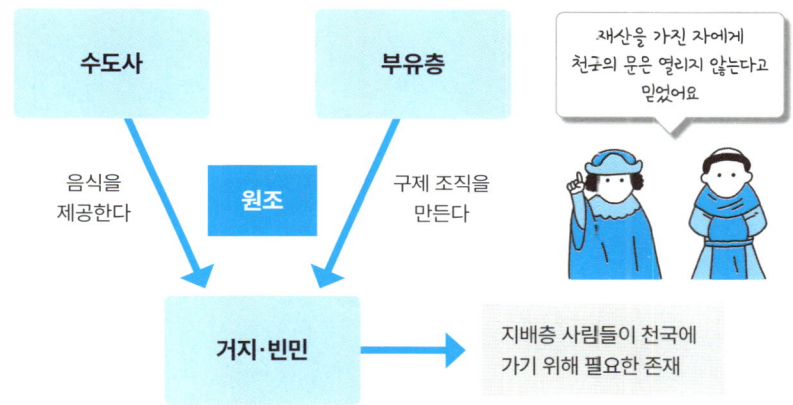

빈곤 비즈니스

빈민층 사람들에게 제공되는 지원 체제를 악용하는 사람들도 있었다. 그들은 자신을 잘 모르는 낯선 도시의 빈민층 속으로 숨어들어 다양한 수법으로 기부를 받았다. 진짜 빈민과 비즈니스 빈민을 구별하기는 어려웠다고 한다.

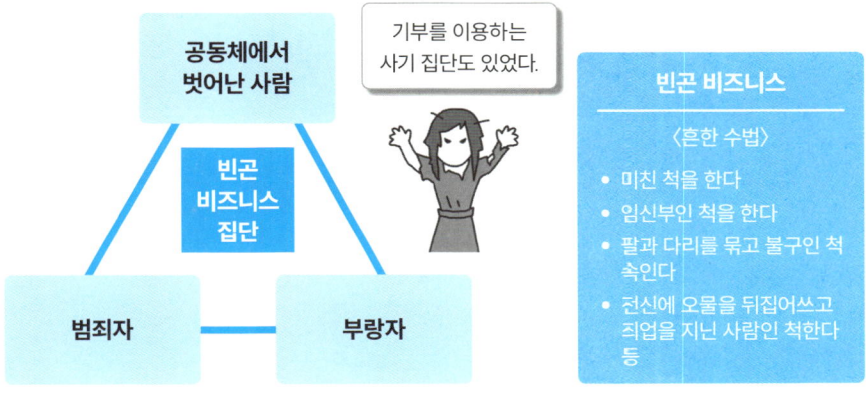

매춘부의 사회적 지위

매춘부는 기독교의 가치관에 따르면 부적절한 존재였지만, 사회에서 빼놓을 수 없는 존재였다.

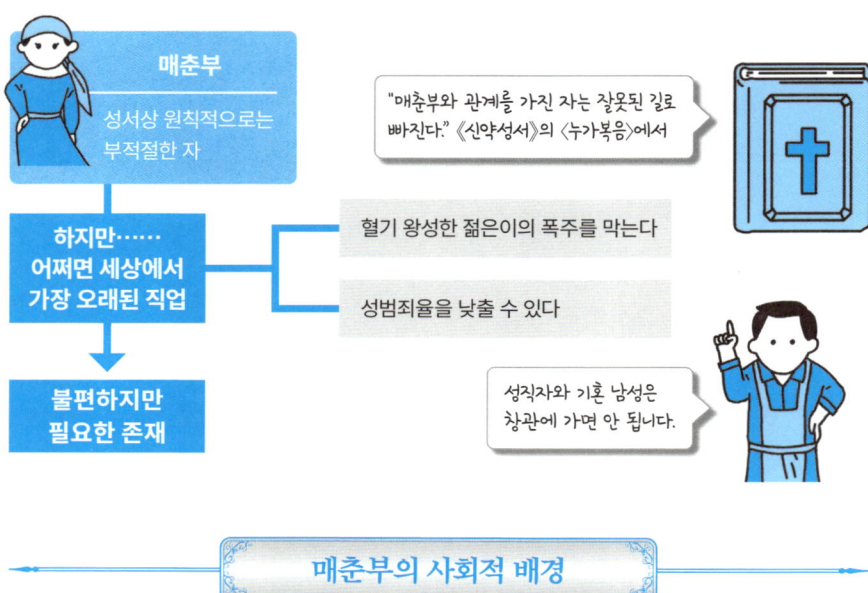

매춘부의 사회적 배경

장기간의 전쟁으로 인해 남성 인구가 줄었고, 스스로의 힘으로 생계를 유지해야 하지만 기술을 배우지 못한 자들은 자신의 몸을 이용해 돈을 벌 수밖에 없었다.

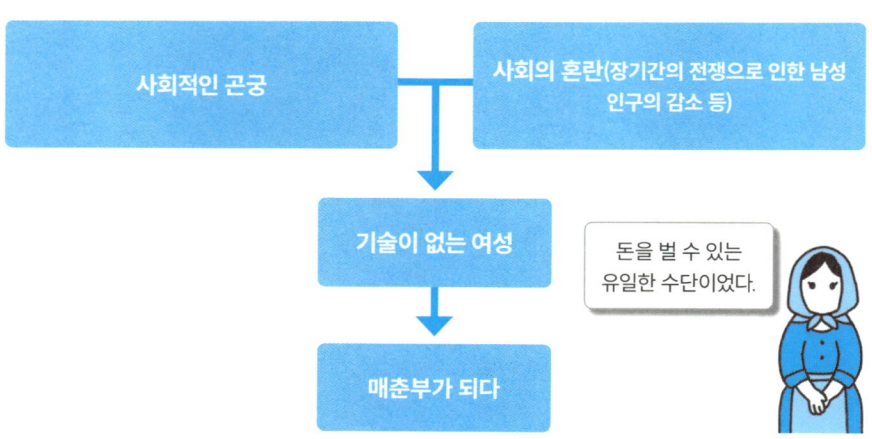

창관의 구조

창관의 종류는 크게 나눠서 공영과 사영이 있었다. 공영 매춘부는 대우도 괜찮았고, 길드를 만들어 장사를 했다. 한편, 사영 매춘부는 도시에 머물며 장사를 하거나 여러 지역을 떠돌면서 생활했는데, 어느 쪽이든 공인받지 못한 존재였기 때문에 공영 창관에 발각되면 극심한 처벌을 받았다.

공영 매춘부

공영 창관		여주인		공영 매춘부
주교나 부유층의 출자로 운영되던 창관. 창관이 많이 모이면 대규모의 사창가가 형성되는 곳도 있었다.	고용	창관을 만든 부유층이나 주교 등에게 고용된 여성. 일하는 매춘부를 관리하는 역할을 맡았다.	관리	도시에서 벌어지는 무분별한 성범죄를 막기 위해 공적으로 인정받은 존재. 개인의 권리가 보증되었다.

창관 한 곳에서 약 15명 정도가 일했다.

신분이 높은 사람을 접객하기도 했다.

대우
- 일은 강요받지 않는다
- 은퇴나 퇴직은 자유

※ 취업 조건은 미혼이며 해당 창관이 있는 도시 외의 출신일 것

사영 매춘부

사영 창관	떠돌이 매춘부
공영 창관이 아닌 사설 창관. 먹고 살기 위해 공영 창관보다 저렴하게 서비스를 제공했다.	위병단 등과 다녔고, 이동하면서 생활했다.

공영 창관에게 들키면 끝

목욕탕 소속 매춘부, 영세 기업의 여성 장인, 가난한 장인의 아내 등이 하던 일

집시

'집시'는 중세 유럽의 민중의 입장에서는 이해할 수 없는 사람들이라 사회적으로 차별받았다. 또한 범죄를 저질렀거나 다양한 사연으로 공동체로부터 추방된 자가 섞여드는 일이 많았기에 사회적인 이미지는 매우 나빴다.

※ '집시(Gypsy)'는 오늘날에는 차별어로 여겨져 '로마(Roma)', '로마니(Romani)'라고 부르기도 한다.

집시
각지를 여행하면서 생활하는 민족. 이집트 출신이라고 오해를 받았다.

유럽 민중과는 가치관이 완전히 달랐죠

생활 스타일
- 방랑하는 여행을 계속한다.
- 여행 경험과 인연을 소중히 여긴다.
- 소지품은 거의 없다(필요 최소한의 가축, 마차, 식기 등)
- 민중과의 충돌을 피해 다니며 까마귀나 쥐를 먹었다.

직업
- 동물 사육사
- 댄서
- 악사
- 말 중개인 등

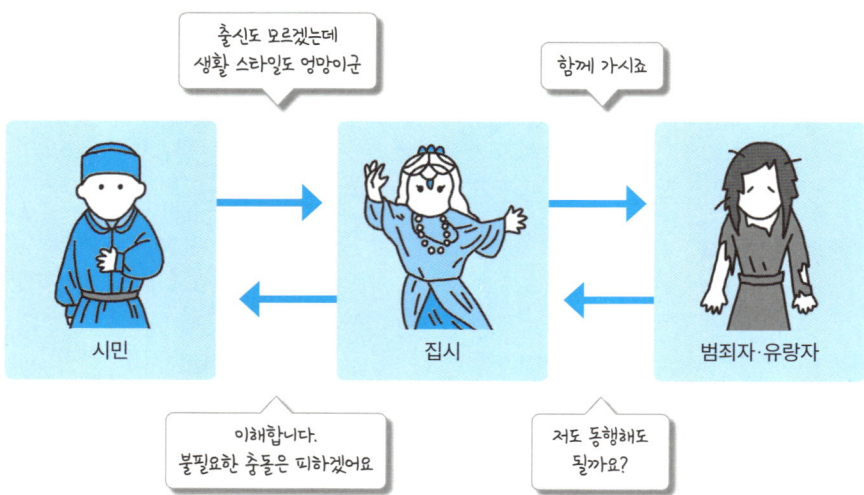

그 밖의 사람들

궁정 사람들을 즐겁게 해 주는 예술가나 연예인도 도시에 살았다.

유랑 시인
유력자에게 고용되어 시와 노래를 만드는 사람. 고귀한 출신을 가진 자도 많았다. 지배층을 비판하는 농담도 가능했다.

악사
유랑시인이 만든 시와 노래를 실제로 연주하는 사람. 법적인 지위는 인정받지 못했고, 유랑 연예인으로 살아가는 자도 많았다.

유랑 연예인
다양한 나라를 유랑하며 공연을 펼치는 사람. 곡예사나 댄서, 동물을 부리는 공연자 등. 한 장소에 머물러 살지 않는다는 이유로 사람들에게 차별받았다.

어릿광대
유창한 언동으로 사람들을 웃기는 사람. 신체적인 장애를 지닌 자와 그런 척을 하는 자가 있었다. 지배층에 대한 비판도 허용되었다.

유랑 시인과 악사의 모습

시와 노래를 성이나 영주의 집에서 공연했다. 이들은 따분한 생활을 달래기 위해 없어서는 안 될 존재였다.

토지 유무로 격차가 벌어지는 농민의 계층

농촌에서 살던 자들 중 많은 수는 농민이었다. 하지만 농민 중에서도 토지를 가진 자와 가지지 못한 자가 있었고, 그들 사이에는 큰 격차가 존재했다.

토지 소유는 자유농민만 가능하다

지금까지는 도시 생활을 위주로 설명했지만, 농촌도 중세의 세계나 사회를 그릴 때 빼놓을 수 없는 요소다. 농촌에서 생활하던 대부분의 사람은 농민이었다(그외 농촌 사람들에 대해서는 84~91쪽에서 해설한다). 이들을 뭉뚱그려 '농민'이라고 해도 토지를 소유한 자유농민, 토지를 소유하지 못한 소작인, 농노로 계층이 나뉘어 있었다.

토지를 가진 농민은 농노, 노예, 노동자 등을 자신의 토지에서 일하게 했다. **농노는 타인의 토지에서 경작하는 농민으로, 노예만큼 학대받지는 않았지만 토지에서 벗어나는 것은 허용되지 않았다.** 노동자는 임금을 받고 일하는 사람들을 말하며, 이런 사람들은 토지를 상속할 수 없는 농가의 장남 외의 자식이 많았다.

자유농민의 출신은 다양했으며 옛날부터 토지를 소유한 부호의 자손, 개간을 통해 토지 소유를 인정받은 옛 농노, 자신의 토지를 경작하게 된 몰락 귀족 등이 있었다. 그중에는 반대로 토지를 잃고 농노가 되는 자도 드물지 않았다.

농촌에서는 농작물의 수확을 위해 1년 단위로 스케줄이 짜여 있었다. 우선 2월 말부터 3월 사이의 길일을 골라 풍년을 기원하는 행사를 열었다. 농민은 신앙심이 깊었기에 씨를 뿌릴 때는 소리내어 기도하거나 십자가 형태로 씨를 뿌리기도 했다.

봄에 씨를 뿌린 곡물은 7~8월에 수확했고, 9월에는 과수원의 과일을 수확했다. 10~11월은 가을의 파종 시기로, 포도주를 담글 준비도 했다. 12월에는 가축의 고기를 소시지나 염장육으로 가공하여 봄까지의 식량으로 삼았다. 12~1월은 기념일이 이어지는 휴식 기간이었다. 이렇게 농가의 1년이 흘렀다.

농민의 피라미드 계급

농민의 계층은 자신의 토지를 소유하는 자유농민, 자신의 의사로 영주에게 토지를 빌려서 생활하는 소작인, 그 아래에 자유롭게 토지를 떠날 권한을 가지지 못한 농노로 나뉘었다.

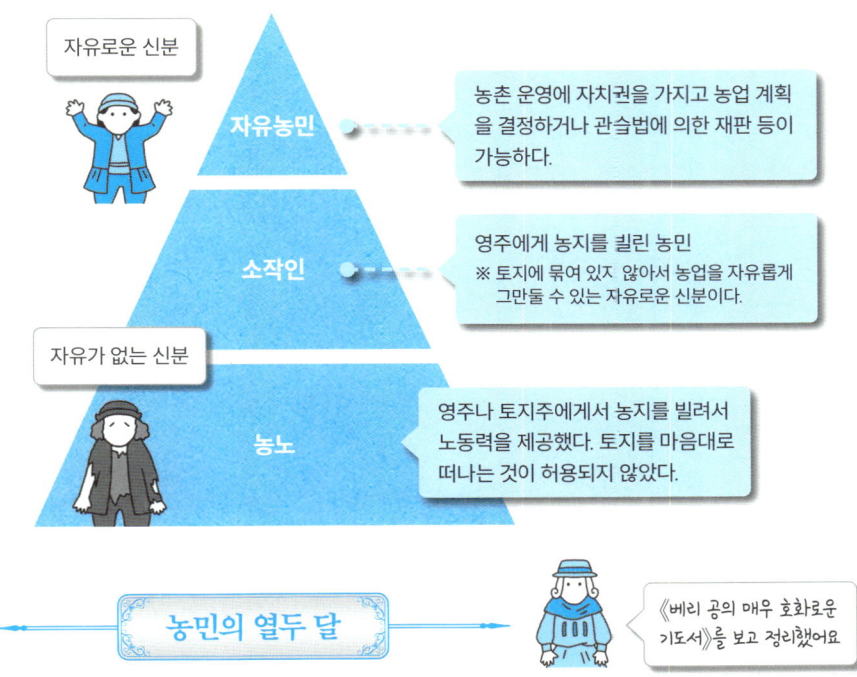

농민의 열두 달

농민의 생활은 봄에 밭을 가는 것으로 시작해 수확기를 맞이하는 8월이 가장 바빴다. 그 후에는 추운 겨울을 대비하여 다양한 준비를 했다.

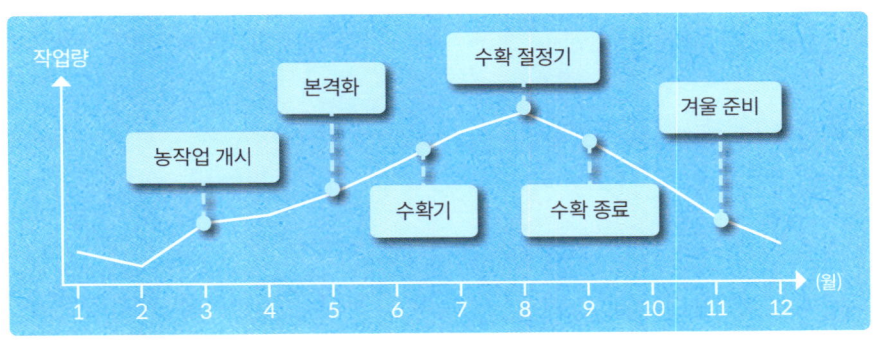

유럽 문화의 기반! 축일이 줄줄이 탄생

농촌에 사는 농민들은 언제나 바쁘게 농작업에 쫓겼지만,
계절별로 존재하던 축일에는 휴식하며 축제를 즐겼다.

크리스마스와 부활절은 지금까지 이어지는 축일

농민의 1년은 씨뿌리기나 수확을 축으로 돌아갔지만, 그사이에는 이들에게 휴식을 주는 계절별 축제일도 있었다. 이런 행사를 창작물에 담으면 자연스럽게 계절감을 연출할 수 있다. **축제일은 원래 게르만족이나 켈트족, 로마 제국의 각 문화에 기반한 것이었지만 그것들을 기독교가 도입하여 예수나 성인과 연관 지어 현재도 가톨릭과 개신교 등의 축제로 삼고 있다.** 대표적인 축제를 순서대로 살펴보자.

먼저 1월 6일인 공현제는 전년도의 크리스마스부터 시작된 예수 성탄제를 마무리 짓는 날이다. 성탄제는 농민들에게 귀중한 긴 휴식 기간이었다.

3월 21일~4월 25일 사이에는 그리스도의 부활을 축하하는 부활절이 있다. 농민들은 이 시기에 봄의 시작을 느꼈다.

5월 1일은 유럽의 전통적인 봄 축제인 오월제가 벌어진다. 숲에서 채취한 어린나무를 사용하여 5월의 기둥(Maypole)을 세우고 그 주변에서 춤을 췄다.

8월 초순부터 10월은 수확을 축하하는 수확제 시기였다. 수확이 끝나면 영주가 사람들에게 진수성찬을 호기롭게 대접했다.

11월 1일은 만성절로, 로마 가톨릭교의 모든 성인과 순교자를 기념하는 날이다. 이 전야제가 바로 핼러윈이다.

12월 25일은 예수의 탄생을 축하하는 성탄절(크리스마스)이다. 이때부터 1월 6일의 공현제까지가 성탄제 기간이다.

기념일 탄생의 계기

중세가 되자 가톨릭교회가 이교도 민족의 기념일을 기독교의 축제로 융합시켰다. 그리하여 현재까지 이어지는 많은 기념일이 탄생했다.

축제를 가톨릭교회가 융합

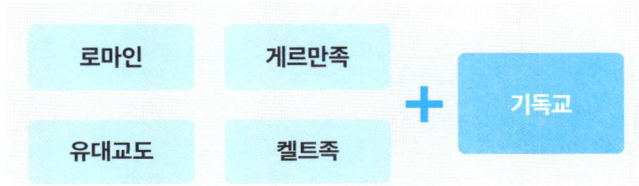

기독교의 성인과 연관 지었다.

주요 축일

계절별 축일에는 농민도 작업을 멈추고 쉴 수 있었다. 영주와 호화로운 식사를 함께 하거나 연회를 여는 날도 있었다.

축제일은 사람들이 살아가는 활력!

1월	1/6 〈공현제〉 크리스마스에서 시작되는 성탄제가 끝나는 날. 성탄제는 농민에게 있어 가장 긴 휴가다.	6월	6/24 〈성 요한 세례자 탄생 대축일〉 성 요한의 탄생일을 축하한다.
2월	2/2 〈성촉절〉 성모 마리아의 출산을 기념하는 축제. 촛불을 들고 행렬을 만든다.	8월	8월 초순~10월 〈수확제〉 겨울에 씨를 뿌린 곡물을 수확한다. 8/15 〈성모 탄생 축일〉 성모 마리아의 피승천을 축하한다.
	부활절의 약 7주 전 〈사육제〉 단식을 앞에 둔 기념일. 최종일에는 가면 행렬이 열린다.	9월	9/29 〈성 미카엘 대천사 축일〉 대천사를 칭송한다. 수확기가 끝난 농촌의 결산기 말일.
3월 4월	3/21~4/25 〈부활절〉 예수의 부활을 축하한다. 달걀을 영주에게 헌상한다.	11월	11/1 〈만성절〉 모든 성인과 순교자를 위한 기념일. 화톳불을 피운다.
5월	5/1 〈오월제〉 5월에 태어난 젊은이가 숲에서 어린나무를 채취하고, 5월의 기둥을 세운다.	12월	12/25 〈성탄절〉 예수의 탄생을 축하한다. 공현제까지가 성탄제의 기간이다.

밀이나 콩, 과일 등 중세 시대에 생산하던 농작물

중세는 농업이 크게 발전한 시대였다. 철을 사용한 농기구와 토지를 효과적으로 활용하는 농법으로 생산량이 크게 증가한 것이다.

철제 농기구와 삼포제로 농업이 진화

당시의 주된 농작물은 우선 밀, 스펠트밀, 호밀, 보리, 귀리 같은 밀류 및 완두콩이나 잠두콩 같은 콩류였다. 밀과 콩에 뒤이어 중요했던 것은 포도주용 포도 같은 과일이었다. 온화한 지중해 연안에서는 올리브도 재배했다.

중세는 농기구와 농법의 개량 덕에 농작물이 증산된 시대이기도 했다. 농기구에 철을 사용하게 되었고, **철제 농기구는 기존에는 곤란했던 토지 개간에서 큰 힘을 발휘했다.** 우마(牛·馬)가 끌던 쟁기도 날이 철제화되었을 뿐 아니라, 우마의 목이 조이지 않도록 어깨에 거는 멍에나 힘이 분산되지 않는 종렬(縱列) 연결법이 도입되어 우마의 힘을 보다 효과적으로 사용할 수 있게 되었다.

농법에서는 삼포제에 의한 농업이 침투되었다. **삼포제란 농지를 3분할하여 순서대로 경작하는 농법이다.** 기존 유럽에서는 농지를 2분할하는 이포제가 보급되어 있었다. 이포제에서는 한쪽 농지를 경작지로, 다른 한쪽 농지를 휴경지로 하여 교대로 경작했다. 이렇게 함으로써 토양을 쉬게 하면서 농작물을 키웠다.

삼포제는 이것을 더욱 발전시킨 것으로, 농지를 3분할하여 첫 번째 농지에서는 봄에 씨를 뿌리는 곡물을 재배, 두 번째 농지에서는 가을에 씨를 뿌리는 곡물을 재배, 세 번째 농지에서는 가축을 방목하며 토지를 쉬게 했다. 삼포제를 통해 효율적인 경작이 가능해졌고 생산량이 향상되었다. 또한 농민들이 협력하여 작업함으로써 조직적 농업도 확립되었다.

농법의 혁신

건조한 토지가 많은 유럽에서는 토지를 2분할하여 교대로 쉬게 하는 농법이 주류였지만, 중세가 되어 3개의 토지를 사용하며 효과적으로 토지를 쉬게 하는 삼포제가 보급되었다. 수확 효율이 크게 올라감과 동시에 농민 간의 협력이 필수가 되었고, 결속력이 강해졌다.

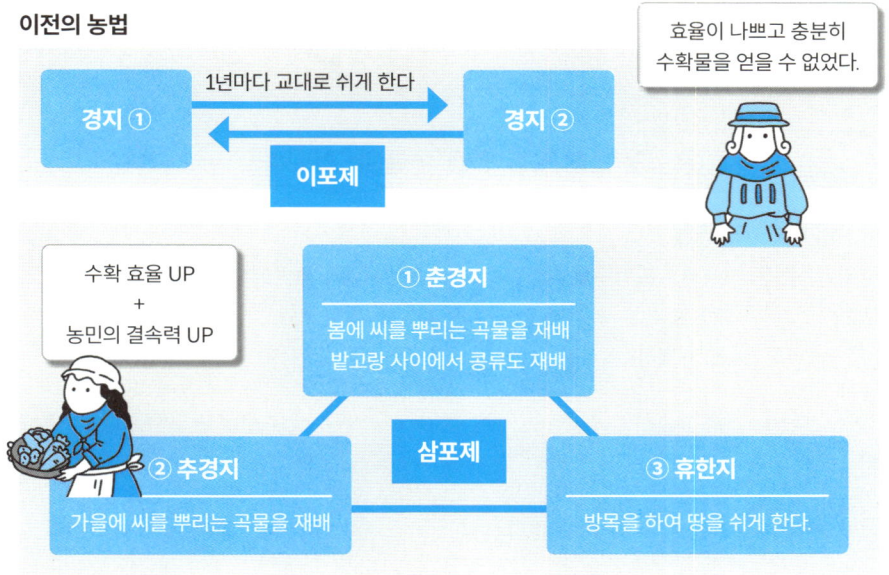

농기구의 혁신

유럽의 토지는 딱딱한 곳도 많기에 목제 농기구를 이용해 개간하는 것은 힘이 많이 드는 중노동이었다. 철제 농기구의 보급과 우마의 힘을 효과적으로 사용하는 철제 중륜 쟁기의 개량은 농민의 부담을 크게 경감시켰다.

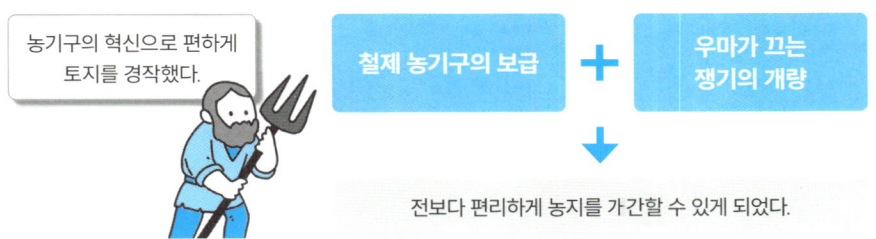

농촌의 빵은 검고 딱딱한 호밀빵이 주류

농업 기술이 진화하며 수확량은 증가했지만,
농민의 식탁에 오르는 식사는 풍족하지 못했다.

농민은 직접 빵을 구울 수 없었다

농업이 발전하여 수확량은 늘었지만, 안타깝게도 농촌의 식사는 풍족하지 못했다. **주식은 빵이었는데, 도시에서는 밀가루를 사용한 흰 빵을 먹었음에도 농촌에서는 검고 딱딱한 빵을 먹었다.** 이 검은 빵의 원료로 사용한 것은 상품 가치가 낮은 호밀, 오트밀, 원종(原種)에 가까운 스펠트밀, 수수 같은 잡곡이었다.

빵은 농민이 아니라 영주가 고용하는 제빵 장인이 구웠다. 세금 수입을 늘리고 싶은 영주가 "빵은 전용 화덕으로 구워야 한다"고 정했기에 농민은 직접 빵을 구울 수 없게 되었고, 영주는 화덕을 사용하는 제빵 장인에게 세금을 징수했다.

농민은 화덕 사용료를 내고 제빵 장인에게 빵을 구워달라고 의뢰했다. 빵의 재료와 장작도 농민이 부담했다. 최대한 제빵 비용을 줄이고 싶은 농민들은 한 번에 많은 빵을 구워달라고 의뢰할 수밖에 없었다.

농민은 그렇게 받은 빵을 오랜 기간에 나눠서 먹었다. 딱딱한 빵은 기간이 지나면 바싹 마르기 때문에 수프에 담가서 부드럽게 만들어야 뱃속에 집어넣을 수 있었다. 빵을 먹기 위해서는 돈을 내고 제분 장인에게 밀을 갈아달라고 부탁하고 그다음에 제빵 장인에게 구워달라고 의뢰해야 했기에 일단 돈이 필요했다. 그 때문에 가난한 농민은 빵이 아니라 밀을 죽으로 만들어 먹었다고 한다.

빵 외의 식자재는 완두콩과 잠두콩 같은 콩류, 양배추, 양상추, 당근, 순무, 마늘 같은 채소류 등이었다. 고기도 먹었지만 일상적인 음식은 아니었고, 콩류가 주요 단백질원이었다.

농민의 식사

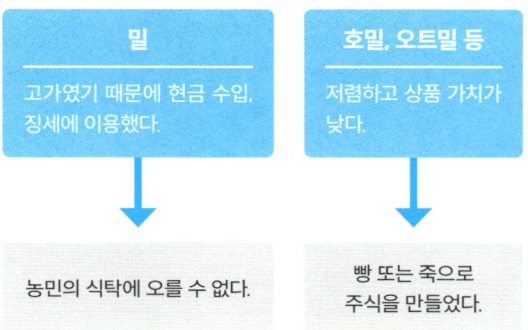

밀
고가였기 때문에 현금 수입, 징세에 이용했다.

→ 농민의 식탁에 오를 수 없다.

호밀, 오트밀 등
저렴하고 상품 가치가 낮다.

→ 빵 또는 죽으로 주식을 만들었다.

고가의 밀은 영주에게 넘어가기 때문에 농민은 상품 가치가 낮은 호밀이나 오트밀로 만든 빵을 주식으로 삼았다. 농지에서 재배하는 콩류도 귀중한 영양원이었다.

기타 식료품
- 콩류
- 채소류(양배추, 당근, 마늘 등)
- 고기류(돼지, 양, 닭 등)

빵을 구하는 방법

빵을 굽는 화덕은 매우 고가였기 때문에 영주는 농촌에 여러 화덕을 설치하고 제빵 장인을 고용하여 농민의 빵을 굽게 했다. 농민은 절약을 위해 한 번에 모아서 의뢰하곤 했다.

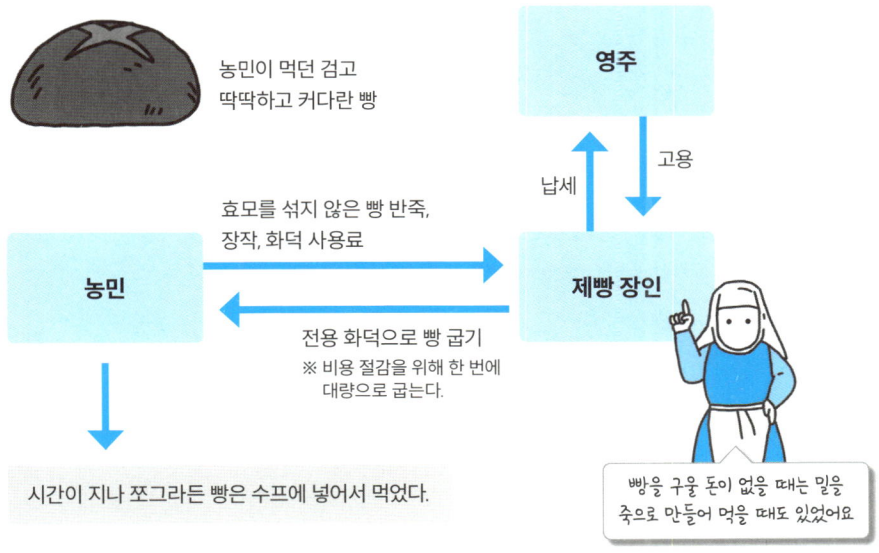

농민이 먹던 검고 딱딱하고 커다란 빵

영주 — 고용 → 제빵 장인
농민 — 납세 → 영주

농민 → 효모를 섞지 않은 빵 반죽, 장작, 화덕 사용료 → 제빵 장인
제빵 장인 → 전용 화덕으로 빵 굽기 → 농민
※ 비용 절감을 위해 한 번에 대량으로 굽는다.

시간이 지나 쪼그라든 빵은 수프에 넣어서 먹었다.

빵을 구울 돈이 없을 때는 밀을 죽으로 만들어 먹을 때도 있었어요

여관도 겸하고 있던 농촌의 주점

도시 사람들의 즐길거리였던 주점은 농촌에도 존재했다.
마을의 중심지에 만들어지는 주점은 커뮤니티의 중심이 되었다.

주점 주인이 사실은 영주의 앞잡이라고?

농촌에는 도시와 마찬가지로 주점이 있었지만, 그 역할은 조금 달랐다. 도시의 주점은 오락을 위한 장소였다. 농촌의 주점도 도박 등을 즐기는 오락을 위한 장소라는 의미가 있었지만, 그와 동시에 마을 커뮤니티의 중심지이자 여행객도 방문하는 외부와의 창구라는 측면이 있었다.

주점은 마을의 중심에 세워졌고 여관도 겸하고 있었기에 건물의 크기가 컸다. **농민들이 모여서 음식과 술을 먹으며 이야기를 나눴을 뿐 아니라, 집회나 연회, 결혼 피로연의 회장이기도 했다.**

주점 주인은 부농이 많았고, 그들은 영주에게 세금을 지불하며 영업했다. 주점 영업을 하려면 영주의 허가가 필요했기 때문이었다. 다만, 일부 허가를 받지 않은 주점이 위법 상태로 운영되기도 했다. 손님에게 제공하는 술은 맥주, 포도주, 벌꿀주 등이었다. 양조권을 가지지 못한 주점은 술을 영주의 양조소에서 사는 경우가 많았다.

주점에는 많은 사람이 드나들었기에 정보도 많이 모여들었다. 영주에게 불만을 가진 자가 있으면, 주점 주인은 그 정보를 영주에게 보고했다. 또한 마을의 치안에 악영향을 끼치는 여행객이 묵으면 주인이 높은 벌금을 낼 때도 있었다.

즉, 주점은 치안 유지라는 측면에서도 영주에게 실질적인 도움을 주고 있었던 것이다. 주점 주인은 영주를 위해 일을 했기에 영주는 주점 주인에게 맥주 양조권을 주거나 주점 개설의 권리를 독점하게 하는 등 우대 조치를 부여할 때도 있었다.

주점 부지

농촌의 주점은 마을 중심부에 있었다. 광대한 부지 안에는 안채와 창고, 마구간 등이 있었다. 농민이 모이는 공간일 뿐만 아니라, 외부 사람과의 창구로서도 중요한 장소였다.

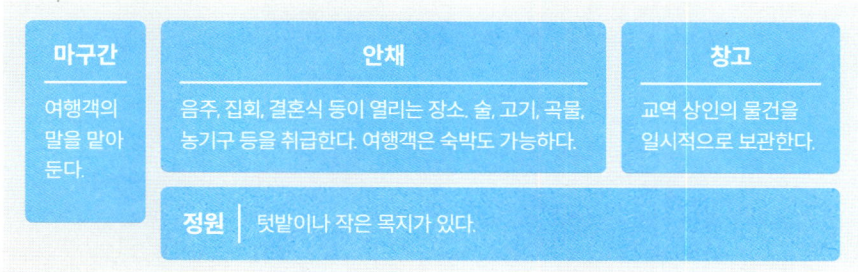

※ 건물의 위쪽에서 주점을 바라본 공간 배치 예시

주점의 영업

주점은 많은 사람이 만나는 장소였기에 불순분자가 생겨나기 쉽다는 특징도 있다. 그렇기에 영주는 점주에게 영업 허가권을 부여하는 대신 손님들의 동태를 보고하게 했다.

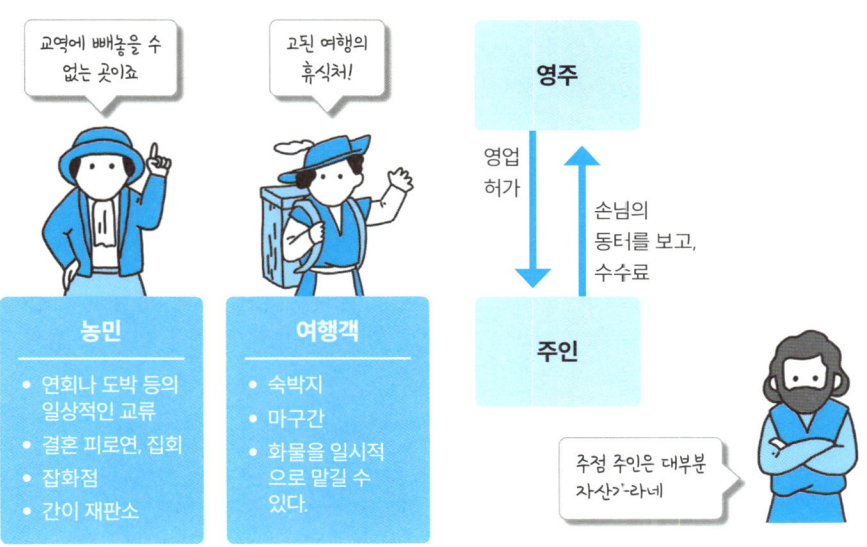

PART 2 | 평범한 서민들의 생활　89

농촌에서 살며 일하는 사람들

농기구를 만드는 대장장이, 건물을 세우는 목공, 가축을 돌보는 양치기, 가루를 가는 장인, 빵을 굽는 장인 등 농촌에는 농민 외의 직업인들도 있었다.

농촌이라도 농민만으로는 성립할 수 없다

농촌에서 생활하던 사람 중 많은 수는 농민이었지만, 농민만으로는 농촌의 생활은 성립하지 않는다. 방목이 필요한 가축은 농민이 직접 관리하기 힘들었기에 마을에서 고용한 양치기가 가축을 돌봤다. 양치기는 민간 의료나 점술에 관한 지식이 많았기에 기독교가 아니라 이단처럼 여겨져서 마을에 머무르며 생활하는 것은 환영받지 않았다.

앞서 86쪽에서도 다뤘지만, 농민이 빵을 먹을 때 일을 의뢰하는 제분 장인이나 제빵 장인도 농촌의 주민이었다. 농민이 일을 의뢰하는 것은 제분소나 빵집만이 아니었다. **대장장이도 농민의 의뢰로 농기구를 제작하고 수리했다. 대장장이는 농기구 외의 날붙이, 냄비, 편자 등도 만들었다.** 또한 말에게 편자를 박는 일도 대장장이의 중요한 업무 중 하나였다. 건물을 세우고 수선할 때는 목공에게 일을 의뢰했다. 영주 또한 특별한 기술자인 대장장이와 목공을 중요하게 여겼다. **마을 교회의 주교도 마을의 중요한 주민이었다. 주교는 마을 사람들의 상담 역할도 맡았다.**

마을 주변의 숲에는 나무를 태워 목탄을 만드는 숯쟁이, 목탄을 사용해서 작업하는 제철 장인, 세제 등에 사용하는 재를 만드는 재 제조인, 목재를 자르는 목수, 벌꿀을 만드는 양봉업자 등이 있었다.

삼림에서는 귀족이 오락으로 수렵을 즐겼고, 거기에는 사냥꾼과 사냥개 조련사도 참여했다. 한편 숲에서의 사냥은 기본적으로 귀족에게만 허용되었지만, 농민이 농작물에 해를 끼치는 토끼 같은 동물을 사냥하는 것은 사실상 묵인되었다.

대장장이

철제 농기구를 만드는 대장장이는 농촌에서 꼭 필요한 사람이었다. 영주에게 고용된 장인이라서 농기구 판매에 대한 독점권도 가지고 있었다. 또한 농기구뿐만 아니라 일상생활에 필요한 도구나 식기도 만들었다.

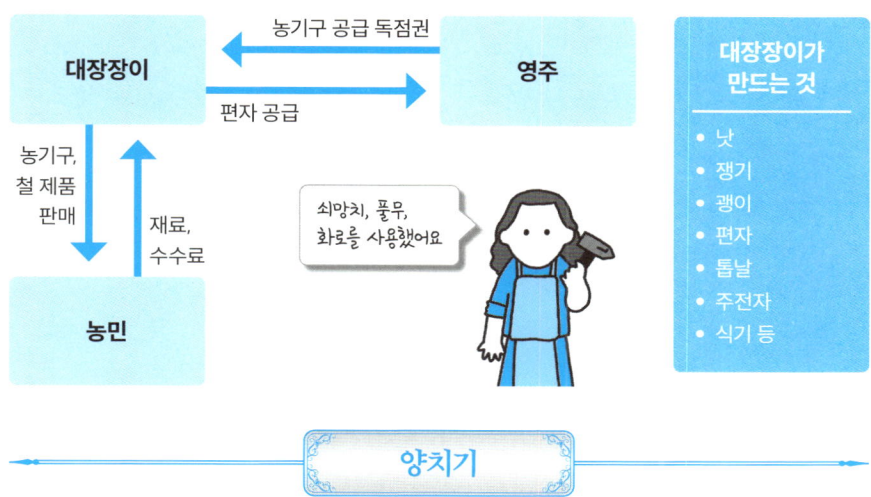

양치기

양치기는 농촌에서 키우던 가축을 도맡아 돌보며 방목 생활을 했다. 하지만 마을 사람들은 양치기를 점술에 정통한 이단자로 인식했고, 양치기들은 다양한 마을을 전전했다.

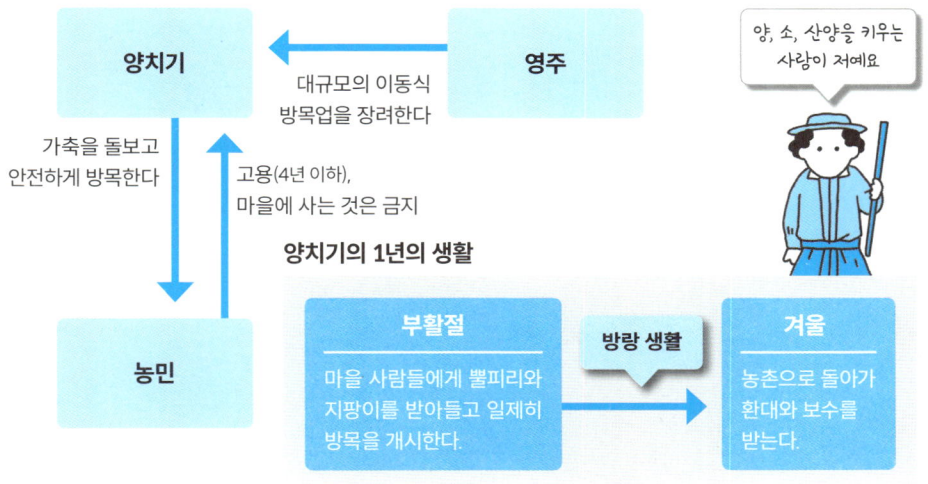

숲의 자원을 취급하는 장인

농촌에는 숲의 자원을 취급하는 사람도 필요했다. 목탄을 만드는 숯쟁이나 철을 만드는 제철 장인 등 다양한 장인이 생활했다.

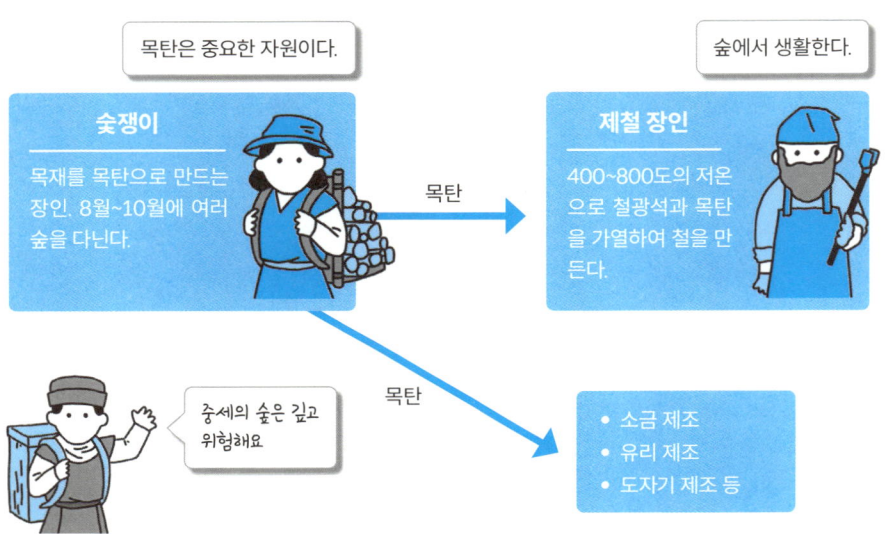

재 제조인

숲의 잔가지, 쓰러진 나무를 구워 재로 만든다. 세제, 화약이나 유리의 촉매로 이용

나무꾼

수액이 마른 나무를 베어 쓰러뜨린다.

※ 겨울에만 하던 일. 다른 계절에는 농업을 도왔다.

양봉업자

짚으로 만든 벌통으로 꿀벌을 키워서 벌꿀을 채취한다. 꿀은 매우 인기가 있었다.

중세의 수렵

중세에는 사냥꾼과 그들을 보조하는 사람들이 함께 숲에 들어갔고, 주로 사냥개를 활용한 수렵 활동이 많았다.

수렵 활동과 관련된 사람들

사냥꾼, 몰이를 돕는 몰이꾼, 사냥개 조련사부터 나아가 매사냥꾼이나 매의 먹이로 사용하는 작은 새를 잡는 새잡이꾼 등이 농촌에 살았다.

주인
사냥꾼이 발견한 포획물을 잡을지 말지 판단하고 마지막 일격을 가한다.

몰이꾼
사냥꾼을 보조하며 숲속에서 포획물을 몬다.

매사냥꾼
매사냥이 귀족 사이에서 유행했다. 우수한 매사냥꾼은 귀족들이 서로 데려가려고 야단이었다.

사냥꾼
주인에게 높은 급료로 고용되었으며 포획물 추적의 전문가다.

조련사
사냥개에게 포획물을 몰 때 지시를 내린다.

새잡이꾼
매사냥을 할 때 매의 먹이로 사용하는 작은 새를 잡는 역할을 한다.

Column 2

세상을 떨게 한 늑대인간이 실존했다?

늑대인간은 단지 상상 속의 존재만은 아니었다

소설이나 게임의 인기 콘텐츠이기도 한 늑대인간. 그 기원이 중세 유럽의 풍습에 있다는 사실을 알았는가? 당시의 게르만족은 방화나 살인 같은 중죄를 범한 자를 마을 바깥으로 추방하고, 이들을 '인간 늑대'라고 불렀다.

그러던 인간 늑대가 어느샌가 괴물 '늑대인간'으로 이야기가 바뀌었고, 시간이 흐르며 점차 자연스레 실존하는 것처럼 여기는 목소리가 커졌다. 특히 마녀사냥이 활발히 이루어졌을 시기에는 아무런 죄도 없는 사람을 늑대인간이라고 지목하여 박해하기도 했다.

또한 중세 유럽에서는 자기 자신이 늑대인간이라고 믿는 정신병도 생겼다고 한다. 이 정신병의 원인은 기독교의 금욕적인 문화뿐만 아니라, 현대와 비교하면 다양한 영양소 공급이 부족했던 시기라서 복합적인 원인으로 발생하는 스트레스의 결과로 추측된다. 이러한 불안정한 정신 상태에 빠져 버리면, 전설 속의 늑대인간처럼 사람이나 가축을 정말로 해치거나 날뛰는 일도 있었다고 한다.

이처럼 늑대인간이라는 존재는 그저 무서운 전설 속의 괴물이 아니라 어느 정도 실존하는 공포의 대상으로서 중세 유럽의 사람들을 괴롭혔다.

PART 3

중세 유럽 사회의 규칙과 개념

중세 유럽 사회는 현대의 관점과는 전혀 다른 규칙과 정신적인 개념이 많았고, 사람들은 이를 기반으로 생활했다. 이번 파트에서는 중세의 세계관을 표현할 때 빼놓을 수 없는 사회의 구조를 소개한다.

시간 개념은 낮과 밤이면 충분

농업 중심의 중세 사회에서는 하루의 시간을 계산할 때 낮인지 밤인지를 아는 것만으로 충분했다. 거기에 세세한 시간 구분을 시작한 것은 종을 울려서 일과 시간을 알린 교회였다.

교회의 종소리가 시보를 대신하다

시간 개념 자체는 고대 그리스나 로마 시대부터 존재했다. 하지만 **농업 중심의 사회에서는 일출과 일몰로 나누는 낮과 밤으로 딱 두 가지 구분만 있으면 충분했다**. 계절에 따라 낮의 길이는 달라지지만, 일출과 함께 일을 나가서 일몰에 귀가하는 일상은 비슷했기 때문이다. 거기에 교회가 세세한 시간 구분을 불러왔다.

중세에 들어서 기독교가 광범위하게 퍼져나가자 각지에 교회나 수도원이 세워졌다. 이러한 종교 시설에서는 매일 정해진 시각에 종을 울렸다. 교회에서는 기도 시간을 알리기 위해 종을 울리는 관습이 있었는데 기본적으로는 오전 2시(조과), 오전 3시(찬과), 오전 6시(제1시과), 오전 9시(제3시과), 정오(제6시과), 오후 3시(제9시과), 오후 6시(만과), 오후 9시(종과)까지 하루에 8번이었다. 이것이 교구에서의 시간 기준이 되었다.

당시에는 시간을 나누는 기준으로서 주야를 각각 12분할하는 '부정시법'이 채용되었다. 그리고 오전 6시를 일출, 오후 6시를 일몰로 삼아 야간에는 초시계나 물시계, 혹은 촛불을 이용해 시간을 계측했다. 그런데 부정시법에 따르면 계절별로 특정 시각과 시각의 간격이 일정하지 않게 된다는 문제점이 있었다. 즉 낮이 긴 여름철에는 하루의 시간이 느긋하게 흐르는 반면, 낮이 짧은 겨울철에는 빠르게 흘러버리게 된다. 오전 6시에 제1시과의 종으로 일을 시작하여 오후 6시에 만과의 종으로 귀가하는 것은 일 년 내내 다르지 않았지만, 그 길이는 계절에 따라 꽤 큰 차이가 있었다. 이런 관습은 14세기에 정확한 기계식 시계가 만들어질 때까지 이어졌다.

시간을 알리는 종

하루에 8번 있는 기도 시간이 되면 종을 울렸다.

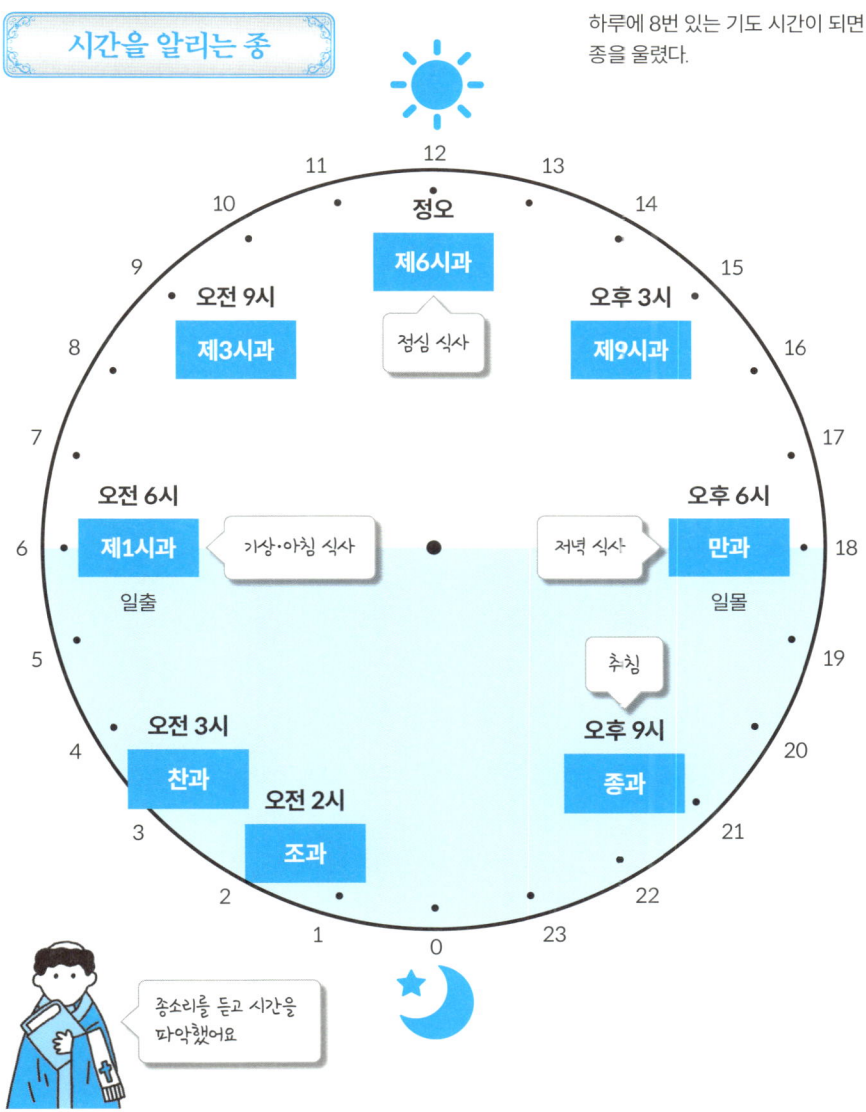

성직자에게는 매일 정해진 기도 시간이 있었고, 교회는 종을 울림으로써 그 기도 시간을 알렸다. 이 종소리는 마을까지 울려 퍼졌기 때문에 마을에 사는 사람들은 이 종소리를 기준으로 생활했다. 기본적으로는 제1시과에 기상하여 아침을 먹었고, 제6시과에 점심, 만과에 저녁, 종과에 취침하는 생활을 보냈다고 한다. 시계가 아직 보급되지 않았던 이 시대에 교회의 종소리는 시간을 알 수 있는 유일한 방법이었다.

② 법 제도

피의자에 따라 심판하는 사람도 달라지는 중세의 재판

중세 초기에는 게르만족의 법전에 따라 재판이 열렸지만, 프랑크 왕국이 분열된 후에는 지역별로 다른 법률을 적용했다.

신의 뜻을 받아 판결을 내리는 재판도 있었다

중세 초기에 연이어 탄생한 게르만족 국가에서는 각 부족의 관습법을 기반으로 하면서 로마법의 영향을 받은 '부족 법전'을 재판에 이용했다. 재판에서는 피의자 측이 속한 부족의 법이 적용되었고, 재판장이 아니라 참심원이 판결을 내렸다. 이때 범죄나 불법 행위에 대한 죄를 속죄금을 지불함으로써 용서받는다는 점이 특징이었다. 중세 초기의 패권 국가인 프랑크 왕국에서 편찬된 '살리카 법전(Lex Salica)'은 게르만 부족의 법전 중에서도 가장 전통이 깊었다. 로마법과 더불어 근대 유럽 제국의 법 제도의 기원이 되었다고 말해지는 이 법률도 범죄나 불법행위에 대한 속죄금 규정이 핵심이었다.

하지만 **프랑크 왕국의 분열 후에 법 제도가 혼란스러운 시기가 되었다.** 획일적인 법이 사라지고, 참심원이 과거의 판례를 정리한 서류가 법률서가 되었다. 나아가 **재판에서 어떤 법을 적용할지는 피의자가 소속된 커뮤니티나 지역에 따라 달라졌다.** 가령 국가 레벨의 사안에는 국법이 적용되지만, 지방 레벨의 사안에는 일반법이 적용되는 식이었다. 또한 농촌에서는 장원법이나 관습법, 도시에서는 상인법이나 도시법, 종교적 사안에서는 교회법이 판단 기준이 되었다.

재판에는 살인 등의 중범죄를 취급하는 상급 재판과 경범죄를 취급하는 하급 재판이 있었다. 법정에서의 사건 입증은 증인에 의해 이뤄졌고, 이에 대해 보증인이 피의자 변호를 맡았다. 여기에서 재판의 결론이 나지 않으면 뜨거운 철을 쥐게 하거나 물에 담그는 등의 방법으로 옳고 그름을 판단하는 신명재판(神明裁判)이 행해졌다. 죄가 없는 자라면 신의 가호를 받을 수 있다는 취지로 이루어진 난폭한 방식의 재판이었으며 13세기에는 가톨릭교회에 의해 금지되었다.

재판의 구조

재판은 증인에 의한 사건 입증을 통해 개시되었다. 피의자가 귀족인 경우 국왕, 영민인 경우 영주가 재판관이 되었고, 피의자를 변호하는 보증인의 의견도 들으면서 각 사안에 상응하는 법에 따라 판결을 내렸다. 만약 판결이 좁혀지지 않는 경우에는, 죄가 없는 자에게는 신의 가호가 주어진다는 개념에 따라 신명재판으로 죄의 유무를 판단했다. 가령 뜨거운 철을 쥐고 걷고 난 후에도 상처를 입지 않는다면 죄를 범하지 않은 것으로 보는 식이었다.

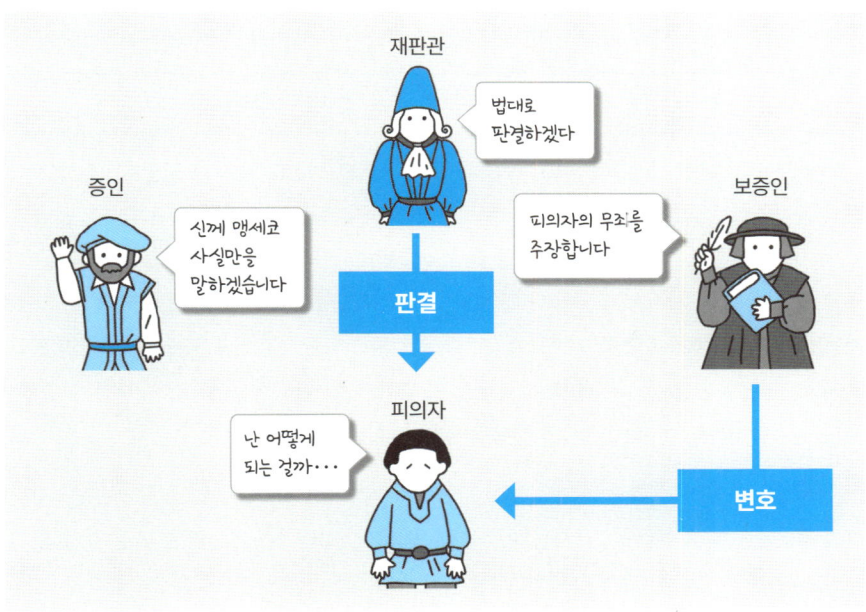

※ 신명재판의 예시

중세의 돈은 종이가 아니라 은화

중세 전기에는 물물교환이 주류였지만, 카롤루스 대제의 화폐 개혁 및
지중해 무역의 부흥을 거쳐 차례로 화폐 경제가 퍼져나갔다.

화폐 경제가 발전하며 금융업이 탄생했다

5세기에 서로마제국이 쇠퇴하면서 동시에 화폐 경제의 발전도 속도를 잃었다. **게르만족의 여러 국가에서는 물물교환으로 거래가 이뤄졌고, 화폐는 물건의 가치 기준에 지나지 않았다.** 그런 가운데 통화 제도가 부활한 것은 8세기 후반에 프랑크 왕국에 전성기를 불러온 카롤루스 대제(Carolus Magnus)가 다스린 화평한 시대였다. **카롤루스 대제는 고대 로마에서 사용했던 '데나리우스 은화'를 기준으로 물건의 가치를 정하는 은본위제 통화 체계를 정비했다.** 하지만 왕국의 분열 등에 의해 화폐 주조권이 왕에게서 지방 영주와 교회로 이동하자, 은화의 품질이 떨어지며 화폐로서의 신용을 잃게 되었다.

본격적으로 흐름이 바뀐 것은 11세기다. **지중해 무역이 부흥하고 농산업 활동이 활발해지자, 상거래는 물론 일상생활에서도 사용할 수 있는 안정적인 화폐 수요가 높아지게 된 것이다.** 이러한 이유를 바탕으로 12세기 중반, 지중해 무역의 중심지 베네치아에서 고품질의 '그로소 은화(Venetian grosso)'가 주조되었다. 또한 거래를 보다 원활하게 행하기 위해 13세기에는 베네치아, 제노바, 피렌체 등의 도시에서 금화가 주조되기 시작했다.

화폐 경제가 사회에 스며드는 과정에서 새로운 골칫거리가 생겼다. 화폐가 대량으로 필요한 거래에서 화폐 운반이 용이하지 않다는 점이었다. **대량의 화폐는 무거운 데다가 부피도 컸고 도난의 위험도 있었다. 이 때문에 탄생한 것이 금융업이었다.** 경제가 확대되며 독자적인 화폐도 늘었고, 화폐를 환전하는 업종이 필요하다는 점도 금융업 탄생의 배경에 있었다. 지중해 무역의 거점이 된 이탈리아에서는 환어음을 이용한 신용거래가 태어났고, 유럽 경제는 이 시기 크게 발전했다.

화폐 경제의 발전

화폐는 물건의 가치 기준이기는 했지만 실제 거래에서는 물물교환이 기본이었다. 하지만 카롤루스 대제의 화폐 제도 개혁에 의해 은화가 거래에 사용되기 시작했다. 다만 곧바로 화폐 경제가 일반화된 것은 아니며, 은화가 쇠퇴하거나 더욱 편리한 화폐가 생겨나기도 하면서 서서히 침투하게 된 것이다. 동시에 오늘날의 은행과 같은 역할을 하는 금융업도 발달했고, 상업의 발전에 공헌했다.

걷기 어려운 길?
정비되지 않은 중세의 도로

로마 제국 시대에 정비된 도로는 중세에 들어서도 충분히 쓸만했지만,
포장은 사라지고 노면 상황은 열악했다.

중세의 도로에도 공도와 사도가 있었다

군사나 물류, 일상적인 사람의 왕래 등 사람과 물건의 이동에 도로는 필수다. 교통망의 발전은 상업권이나 문화권의 유지 확대에 반드시 필요했기에 중세 유럽에서도 모든 땅에 도로망이 뻗어 있었다.

당시의 도로는 관리하는 자와 용도에 따라 크게 둘로 나눌 수 있다. 왕의 길(왕도)·가도 또는 도로·소로(좁은 길)로, 이른바 공도와 사도의 차이다. 왕의 길과 가도는 국가나 도시가 관리하는 커다란 길로, 군사나 상업 활동 등을 위해 멀리 이동하기 위한 것이었다. 즉 현대의 간선도로와 유사하며, 관리자에게 경제력이 있으면 안전성이나 편리성도 높아졌다. 한 가지 불편한 점을 꼽자면, **로마 제국 시대의 도로를 유용하기는 했지만 포장은 이미 벗겨져서 자갈과 석회만 뿌린 울퉁불퉁한 길이 많았다는 점이다.**

어느 정도 정비가 되어 있는 도로를 걷더라도 도보 이동은 역시 시간이 걸렸고 위험도 동반했다. 중세 RPG 게임에서 플레이어가 체험하는 것과 마찬가지로, 당시 여행객들도 강도나 늑대무리의 습격을 받는 일이 많았다. 그렇기에 이에 대비하고자 호위무사를 고용하거나 무장한 상인 등과 동맹을 맺는 것은 여행의 기본이었다. 울퉁불퉁한 미포장 도로는 마차의 승차감도 나빴기에 오직 화물 운송용으로 사용되었다. 가벼운 물품은 말이나 당나귀, 낙타에 실어서 이동했다. 말을 타면 도보보다는 훨씬 편하게 이동할 수 있었지만, 이는 부자나 귀족의 특권이었다.

마을이 관리하는 사도인 도로와 소로는 일상적인 이동에 사용되었다. 밭일을 하러 나가거나 교회에 다닐 때 이용했다. 필요할 때마다 연장하거나 신설되었기 때문에 구불구불한 것이 특징이었다. 다만 개인의 편의를 위해 마음대로 사도를 설치하는 행위는 금지되어 있었다.

왕의 길·가도

왕의 길이나 가도는 국가 혹은 도시가 관리했고, 마을과 마을을 연결하는 원거리 이동을 위한 것이었다. 로마 제국 붕괴 후에는 제대로 정비되지 않았기에 울퉁불퉁했다.

도로·소로

도로나 소로라고 불리는 마을의 길은 해당 마을이 관리했고, 필요에 따라 그때그때 만들어졌다. 마을의 틈새를 메우듯 만들어졌기에 대개 구불구불했으며 도로 폭도 가도와 비교할 때 꽤 좁았다.

⑤ 아질

죄인이 도망쳐 들어가는 피난처

세속적 권력이 미치지 않는 성역으로서 고안된 아질은 피난처였다.
이곳에 숨어들면 죄인으로 여겨지는 자도 정당한 재판을 받을 수 있었다.

신성하기에 침투할 수 없는 장소

중세에서 찾아볼 수 있는 특수한 제도 중에 '아질(Asyl)'이라는 것이 있다. 아질은 죄인이나 노예가 보복을 피하고자 숨어들어 보호를 받던 장소를 말하며, 이른바 성역과도 같은 곳이었다. 고대 로마 시대부터 존재했지만, 중세에 들어서자 그 수가 급증했다.

국가의 사법권, 경찰권이 아직은 어설픈 시대였기에 조직적으로 죄인을 잡아서 재판하는 것은 쉬운 일이 아니었다. 그래서 범죄 피해를 입은 자들은 사적으로 죄인을 잡아 보복을 가하는 상황이 빈번했다. 그렇지만 이것을 제한 없이 허락하면 복수가 복수를 불러 걷잡을 수 없게 된다. 아질은 이런 폐해를 막기 위해 고안된 제도였다.

아질로 인정받던 곳은 본래 교회나 수도원, 숲, 묘지 같은 신성한 장소였다. 즉 신의 비호하에 들어간 자는 불가침한 존재이므로 이런 상황에서 사적 제재를 가하는 것은 종교적인 범죄라는 사고방식에서 비롯했다. 중세에 들어서자 가도, 나루터, 물레방앗간, 영주의 저택 등 개인의 집까지 아질로 여겨지게 되었다. 그리고 아질로 숨어든 자는 사적인 보복을 당하는 일 없이 정당한 재판을 받을 수 있었다.

약간 아이들 장난처럼 느껴질 수도 있지만, 밭에서 쓰는 농기구인 써레를 아질로 삼는 경우도 있었다. 밭에 설치한 써레에서는 빵을 먹는 동안에만 피난이 허용되었다. 이러한 예처럼 아질의 가호는 무제한은 아니었다. 유혈을 피하기 위한 완충 지대이기는 했지만 제한이 있었고, 아질로 여겨지는 집에 있을 수 있는 것은 6주하고도 3일이었다. 이러한 아질도 시대가 흐름에 따라 국가권력이 강화되어 법 제도의 정비가 진행됨에 따라 점차 소멸하기 시작했다.

경찰 조직이 발달하지 못한 중세에는 죄인에 대한 사적 복수나 보복이 횡행했고, 또한 그것을 공적으로 인정하는 경우도 있었다. 따라서 무분별하게 죄인이 살해당하지 않게 지켜주는 아질이 설치되었다. 교회나 묘지, 숲과 같은 성역이나 나루터, 가도 같은 공적 시설, 나아가 집이나 밭에 설치된 써레 등도 아질로 여겨졌고, 각각의 장소별로 추격자를 피할 수 있는 시간이 정해져 있었다.

귀족 사회에서 남성은 14세, 여성은 12세에 결혼 가능

중세의 결혼은 당사자의 의사는 거의 존중받지 못했다.
특히 귀족 계급에서는 정략결혼이 당연한 일이었다.

가톨릭교회의 성사로 변모하다

당시의 초혼 연령은 10대 후반이 대부분이었다. 애초에 유아기 때 사망하는 경우가 많고 다산다사(고출생률 및 고사망률) 사회였던 것이 가장 큰 이유였다. 이 때문에 5~6세 때 약혼하는 일도 다반사였다. 결혼이 허용되는 나이도 어렸으며, 남성은 성인으로 간주되는 14세, 여성은 12세였다.

당시에도 자유연애는 허용되었다. 하지만 그러한 연애 끝에 결혼을 한다는 것은 현실적이지 않았다. 본인들의 마음이 아무리 강하다고 해도 결혼은 별개의 문제였기 때문이다. **집안끼리의 결합이 중요시되었고, 특히 귀족 계급의 혼인은 상대와 동맹 관계를 맺는 의식에 지나지 않았다. 당사자의 의사보다 재산이나 혈통을 중시한 정략결혼이었던 것이다.** 따라서 아이가 태어나지 않으면 이혼하는 경우도 있었다.

서민도 크게 다르지 않았으므로, 중요한 것은 양가 부모의 의향이었다. 또한 농민의 혼인에는 영주의 허가가 필요했다. 이것은 노동력의 유출을 막기 위해서지만, 시간이 흐르고 결혼세를 내면 외부와의 결혼도 인정해 주었다.

결혼이 예부터 인생의 일대 이벤트였던 것은 분명하지만, **12세기가 되자 세속적인 행사에서 종교적인 행사로 변모하기 시작했다.** 기독교에서 신의 은혜로서 신도에게 베풀어지는 의식을 '성사(聖事)'라고 하는데, **결혼도 세례나 고해와 마찬가지로 이 성사 중 하나로 바뀌게 된 것이다.** 결혼에 대한 맹세도 주교 입회하에 이뤄지게 되었다. 성사 의식을 통해 결혼을 하면 이혼은 허용되지 않았다. 나아가 당사자의 신앙 준수와 태어난 아이에 대한 신앙 교육도 의무화되었다.

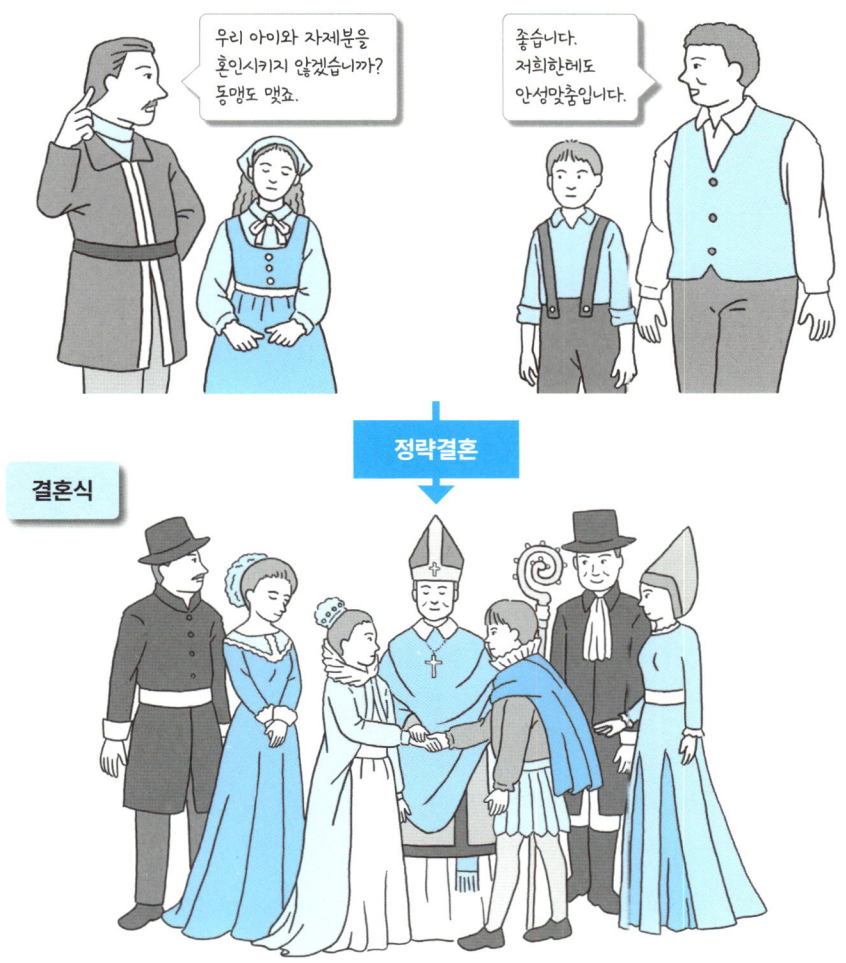

중세 시대에는 현대와는 다르게 강제적인 결혼이 당연한 일이었다. 당시 결혼은 연애 끝에 도달하던 것이 아니라 집안끼리의 결합과 권력 확대를 위한 수단이었다. 성인이 되어야 결혼할 수 있었지만, 이렇게 성인이 되는 나이가 남자는 14세, 여자는 12세로 사실은 어렸다. 이른 경우에는 5~6세 때 약혼했고, 성인이 되어 곧장 결혼하기도 했다. 또한 결혼식은 교회의 주교 입회하에 행해졌다.

⑦ 납세

중세에도 주민세와 상속세가 있었다

지배자층에게 지금이건 옛날이건 세금은 귀중한 재원이다. 중세에도
왕과 영주, 교회에 의해 다양한 세금이 부과되었고, 이는 민중에게 큰 부담이었다.

농민의 확보는 세수의 확보를 의미했다

세금은 국가의 재원이었고 지배자층은 이를 바탕으로 국가를 운영했다. 동시에 권력과 사치를 누리는 생활을 유지할 수 있는 소중한 밑천이 되기도 했다. 영주가 영민에게 부과하는 세금 중 가장 기본은 인두세와 토지세였다. 인두세는 소액이지만 주민 한 명 한 명에게 부과되는 지배·피지배 관계의 증거였다. 11세기 후반부터는 치안 유지 비용으로서의 의미도 지니게 되었다. 토지세는 경작지에 부과되는 세금으로, 곡물이나 금전으로 납부했다. 이들은 영주에게 있어 큰 수입원이었기에 납세자인 농민 확보가 핵심이었다. **따라서 노동력의 이동을 동반하는 결혼이나 농지의 양도에는 각각 결혼세와 보유지 이전료를 부과했다. 또한 사망 등에 의해 영민이 토지를 상속받은 경우, 물납이나 금납에 의한 상속세에 더해 소유 가축 중 가장 좋은 것을 헌상하게 하는 사망세도 생겨났다.**

위에 말한 것에 더해 물레방앗간이나 제빵용 화덕, 포도 압축기 같은 시설 사용료와 가축을 방목할 때의 삼림 임차료 등 세금의 종류는 일일이 열거할 수 없을 정도로 많았다. 수확의 10분의 1을 교구의 교회에 납부하는 십일조도 큰 부담이었다.

도시 또한 크게 다르지 않았으며 역시 다양한 세금이 존재했다. **십일조에 더해 인두세, 주민세에 해당하는 납부금, 시장에 참여할 때의 시장세, 관문 통행세와 유통상품에 부과되는 간접세 등이 있었다.** 다만 도시에서는 시정 당국자도 납세자였기에 세금 부과를 가볍게 하는 경향이 있었다. 이처럼 지배자층은 온갖 수단을 사용하여 다양한 명목으로 민중에게 세금을 징수했다. 어찌 되었건 세수가 많아서 나쁠 것 없다는 생각은 지금도 다를 바 없는 위정자의 발상이기 때문이다.

세금 제도

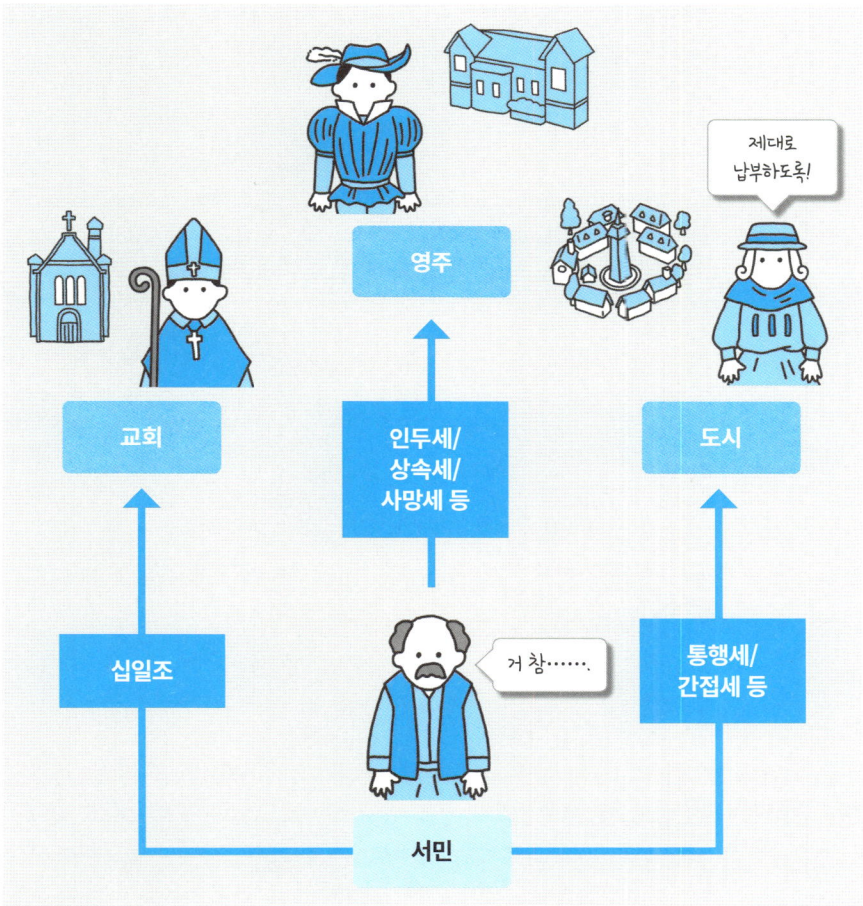

중세에도 현대와 마찬가지로 세금 제도가 존재했고 서민은 다양한 세금을 납부했다. 영주에게는 인두세와 상속세, 시설 사용료 등, 교회에는 십일조를 납부할 의무가 있었다. 영주가 없는 도시에서도 세금 제도는 존재했고, 장사에 관한 간접세나 통행세, 주민세 역할을 하는 납부금 등을 내야 했다. 납세는 서민에게 피할 수 없는 의무였다.

⑧ 형벌

죄인을 처벌하는 다양한 형벌들

중세 초기는 사적 복수가 인정되었지만, 법이 정비되면서부터
군중들이 볼 수 있는 환경에서 본보기 효과가 높은 형벌을 가하게 되었다.

억제 효과를 노리고 범죄자에게 고통을 가했다

범죄를 저지른 자에게 부과되는 형벌을 살펴보자. 현대에는 대다수의 형법에 생명형(사형), 자유형(자유를 빼앗는 징역 등), 재산형(벌금 등)의 세 가지가 규정되어 있다. 이 세 가지는 오래 전부터 존재했지만, **중세 시대에는 신체에 고통을 가하는 신체형이 있었다. 이는 범죄자의 갱생보다는 본보기에 의한 범죄 억제를 목적으로 한 것이었다.**

중세 초기, 자신의 권리를 침해당한 자는 사적인 무력행사인 '페데(Fehde)'를 통해 합법적으로 결착을 맺을 수 있었다. 하지만 이래서는 복수가 복수를 낳고, 핑계를 댄 약탈 행위가 정당화될 수도 있었다. 따라서 페데를 억제하기 위해 12세기 초반 이후, 신성로마제국은 때때로 페데를 금지하는 '평화유지 명령'을 발령했다. 이것을 계기로 법률을 바탕으로 한 형벌 규정이 확고해졌고, 본보기 효과를 노린 사형이나 신체형이 형벌의 중심이 되기 시작했다.

이러한 형벌의 가장 큰 특징은 많은 사람이 지켜보는 가운데 형 집행이 이루어졌다는 점이다. 광장에 관중을 모아 살인·유괴·간통 같은 중범죄에는 참수형을, 중대한 절도·강도에는 교수형을 집행했다. 또한 방화범이나 이단자에게는 화형, 국가 반역자에게는 사지를 찢는 거열형이나 차륜형처럼 범죄의 중한 정도에 따라 집행 방법이 달라졌다.

신체형은 죄상을 반영한 방법을 채용했다. 예를 들어 위증이나 신에 대한 모독은 혀를 뽑았고, 간통한 남성은 거세했다. 나아가 상해죄는 손발 절단, 가벼운 절도는 손가락 절단, 통화 위조자는 이마에 낙인을 찍었다. 보다 가벼운 형벌로는 채찍형이나 벌금형 등도 있었다. 당시에는 징역과 같은 자유형은 없었기에 감옥은 재판이 끝날 때까지 범죄자를 일시적으로 구속하는 장소로, 지금으로 말하자면 구치소 같은 시설이었다.

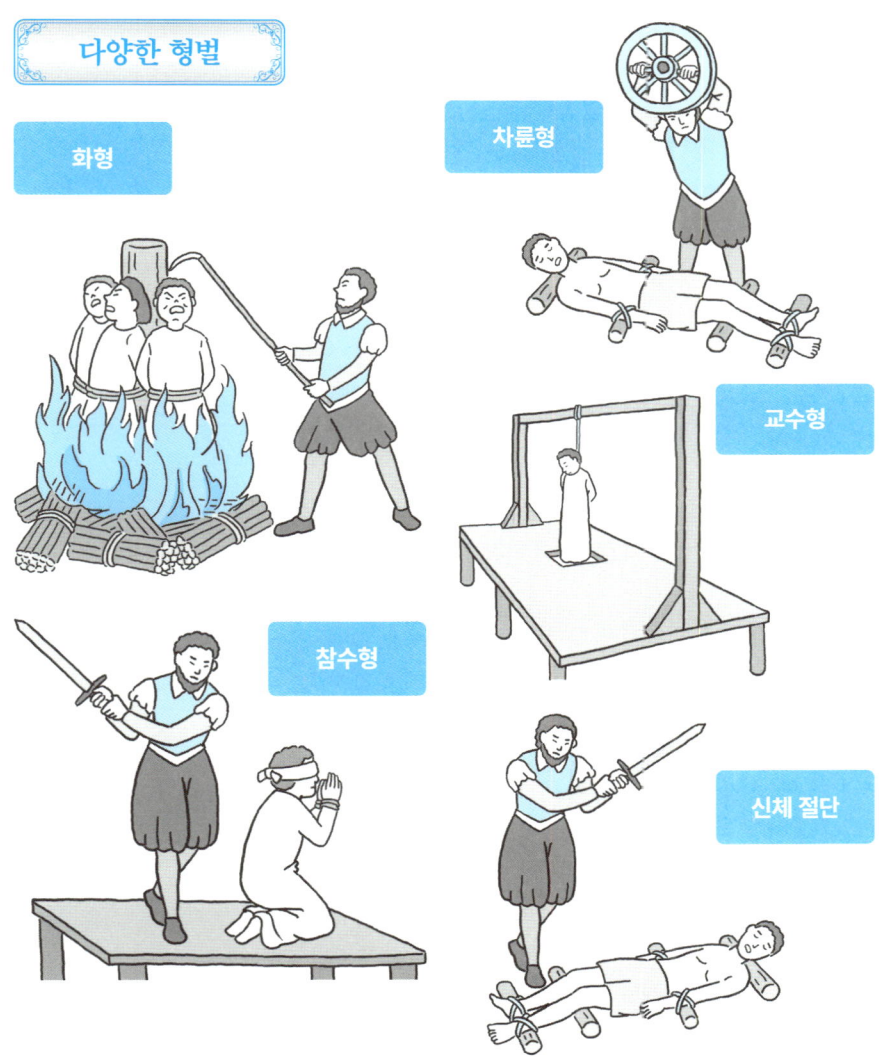

국가에 대한 반역이나 살인 등의 중한 죄는 사형, 상해나 위증 같은 비교적 가벼운 죄는 신체 절단, 이보다 가벼운 죄는 채찍형이나 벌금형에 처했다. 사형의 경우, 죄가 무거울수록 절명하기까지 시간이 긴 잔혹한 형이 이뤄졌고, 신체 절단형에서는 상해죄라면 손발을, 위증죄라면 혀를 절단하는 등 각각의 죄에 상징적인 부분을 절단했다. 어떤 형이건 민중에 대한 본보기라는 의미가 강했다고 볼 수 있다.

⑨ 정보 전달

스마트폰이 없던 시대, 정보는 기본적으로 구두로 전달

중세 시대에는 정보 전달의 주요 도구로서 양피지를 이용했다. 하지만 양피지는 고가였기에 서민들은 사용할 수 없었고, 오로지 여행객의 구두 전달에 의존했다.

양피지는 해적의 보물을 기록한 고지도에도 사용되었다

기원전 2세기경에 중국에서 발명된 종이가 세계 각지로 전파되기에는 꽤 오랜 시간이 필요했다. **중세 유럽에서 10세기경 파피루스를 대신하여 사용한 것은 양피지였다. 양피지는 양 가죽의 기름을 제거한 후 늘리고 건조하여 얇은 시트 형태로 만든 것으로, 종이라고 부르기는 해도 동물의 가죽이다.** 이는 해적이 등장하는 작품에 나오는 보물 지도를 떠올리면 이해하기 쉬울 테다. 둥글게 말아서 두루마리처럼 수납했던 점도 같다. 촉감은 피혁보다는 종이에 가깝고, 내구성이 뛰어나다. 또한 수분이 스며들기 어려운 성질이 있어 파피루스보다 채색 보존이 뛰어났기에 성서나 중요한 서류에 사용되었다. 그 후, 13세기에 종이가 전해지기까지 양피지는 필사의 재료, 요즘 방식으로 말하자면 기록 미디어처럼 이용되었다.

단점은 당시로 치자면 고가라는 점이다. **따라서 일반인들이 정보를 멀리 있는 상대에게 전하고 싶을 때는 상인이나 유랑 연예인, 순례자 같은 여행객의 구두 전달에 의지하는 수밖에 없었다. 양피지를 일상적으로 사용할 수 있던 것은 권력자뿐이었고 그들은 전문적인 전령을 고용하여 목적지로 양피지를 보내고는 했다.** 전령은 교회에 성별(聖別, 사람이나 물건을 신성한 것으로서 구별하는 것)된 사자(使者)로서 신변을 보호받았고 손을 대서는 안 되는 존재로 여겨졌지만, 그것이 그대로 통하는 시대는 아니었다. 그렇기에 자신을 지키기 위해 창이나 석궁으로 무장하는 것이 허용되었다. 또한 전용 의복을 몸에 걸치고 편지를 담는 항아리를 지니고 있었다.

제지업이 퍼진 14세기에는 서민도 종이로 멀리 떨어진 곳과 정보를 교환할 수 있게 되었다. 당시에는 여행하는 상인이 우체부를 겸했으며, 특히 정육점은 정보 교환에서 중요한 역할을 했다. 고기의 부패를 막으려고 빠른 이동이 가능한 말이나 짐수레를 가지고 있었기 때문이었다.

정보 전달

양피지

종이가 전파되기 전에 유럽에서 사용되던 양피지는 고가였기 때문에 구두 전달을 통한 정보 전달이 기본이었다. 지위가 높은 자라면 양피지에 편지를 적어 그것을 배달원인 전령에게 전달시켰다. 서민은 여행객이나 정육점에 부탁해서 메시지를 전해 달라는 식이었다. 또한 여행객은 다른 지역에서 얻은 정보나 마을의 모습 등도 전했고, 전도사는 설법 안에 시사적인 정보를 담는 경우도 있었다.

점이나 주술로 병을 치료하던 중세 의료

고대의 의료가 중세에도 계속해서 주류가 되었던 배경에는 기독교적 세계관이 있었다.
그런 와중에도 실천적인 의료를 행하는 자들이 있었다.

현대 의료와 통하는 의료법도 있었다

서양사에서는 의학의 아버지라 불리는 고대 그리스의 히포크라테스와 2세기에 활약한 해부학의 시조 갈레노스가 있었다. **중세부터 르네상스기에 이르는 긴 시간 동안 유럽의 의학은 그 둘의 저작과 학설을 기초로 성립해 있었다.** 특히 생명에는 비생물에게 없는 특수한 힘이 있다고 여기는 갈레노스의 '생기론'은 가톨릭교회의 공인을 얻었을 정도였다. 기독교에는 정신이 육체를 지배한다는 교리가 있기 때문이다.

후에 9세기에 남이탈리아의 살레르노, 남프랑스의 몽펠리에에 의학교가 탄생하여 유럽 의학의 중심지가 되었다. 하지만 가르치는 것은 여전히 예전부터 있던 갈레노스의 이론과 그 바탕에 있는 신학(종교적 진리를 체계적으로 연구하는 학문)이었다. 따라서 이 시기에는 기술이나 치료법의 확립과 그 습득보다 점성술이나 미신을 근거로 한 수준 낮은 의료가 행해졌다. 외과보다 내과가 훨씬 중시되었고, 실천적인 기술보다 이론이나 경험치가 우선되는 것이 실상이었다.

한편, 실천적인 의료를 행하는 자도 있었다. 미천하다고 여겨지던 외과 의사나 이발사가 그러했다. 그들은 상처를 포도주로 씻거나 계란 흰자로 환부를 덮었다. 이것은 이치에 합당할 뿐만 아니라 당시로서는 매우 실용적인 의료법이라고 할 수 있다. 또한 인두로 상처를 지지는 지혈법이나 혈관을 절개하여 피를 뽑는 사혈, 환부를 뜨겁게 하는 소작법(燒灼法)을 몸에 익히고 있었다.

그 밖에도 일부 약국에서는 터무니없는 만병통치 약을 파는 한편, 현대 의학에서도 통용되는 약초를 취급하고 있었고, 환자의 비명 소리를 줄이기 위해 큰북을 두드리며 치료를 하던 치과의도 큰 범위에서는 의료의 실천자였다고 할 수 있다.

다양한 의료

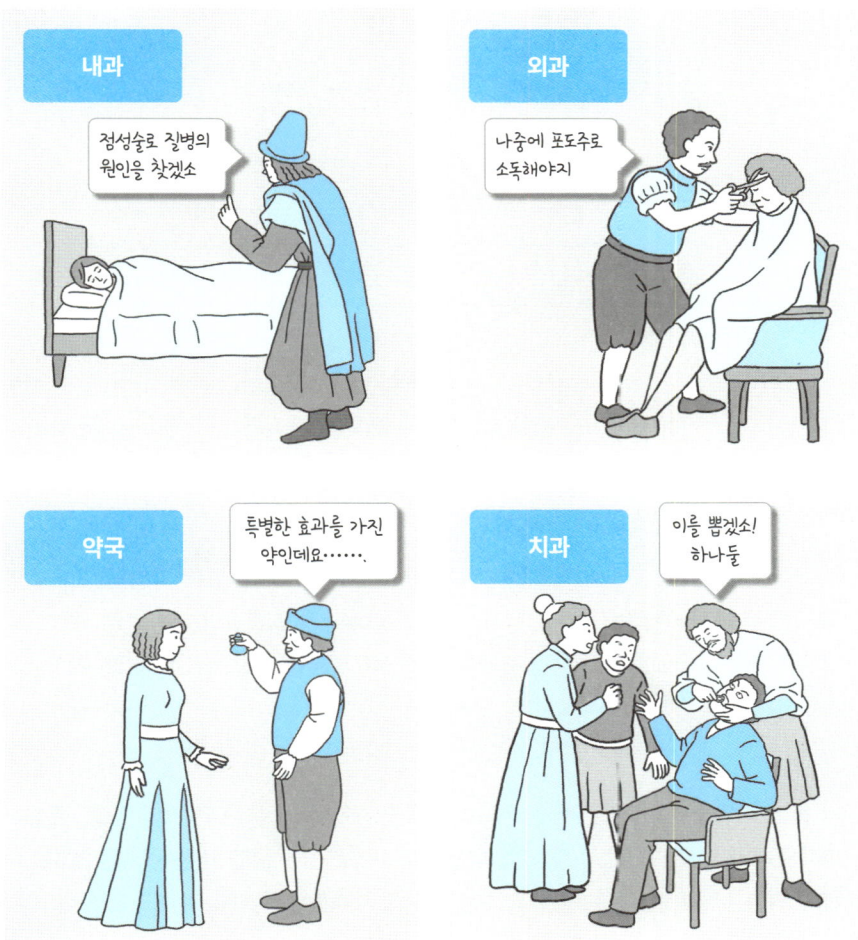

의학이 아직 발전하지 못하여 내과는 점성술을 이용하는 것이 당연했으며 외과는 하층민의 일로 여겨졌다. 신학을 최우선으로 삼았기에 실천적인 의료보다는 점이나 주술 쪽이 힘이 있다고 믿었다. 약국은 내과의 지시로 약을 처방하기도 했지만, 수상한 약을 팔기도 했다. 발치는 당시 의료라기보다는 일종의 퍼포먼스처럼 행해지는 처치였다.

중세 유럽을 공포에 떨게 한 페스트

의료 지식이 발달하지 못한 중세에는 강력한 감염증에 대항할 기술이 없었고,
감염증이 유행할 때마다 많은 사람이 사망했다.

유럽 인구의 약 3분의 1의 사망자를 낸 흑사병

감염증의 해악을 현대인도 코로나19 사태로 재확인했다. 그런데 의료 기술이 발전하지 않은 중세에는 감염증에 대한 공포가 더 심했을 것이다. **중세 시대에 때때로 유행했던 감염증 중에서도 가장 맹위를 떨친 것은 14세기 유럽에서 '흑사병'이라고 부르며 공포에 떨었던 페스트였다.** 페스트는 페스트균에 의한 전신성 급성 감염증으로 다양한 종류가 있지만 중세 유럽에서 유행했던 것은 선(腺)페스트와 폐(肺)페스트였다.

선페스트는 주로 페스트에 감염된 쥐를 흡혈한 벼룩을 매개로 사람이 감염되는 것을 말하고, 림프샘의 부종에 더해 발열, 두통, 권태감 등의 전신성 증상이 나타난다. 폐페스트는 사람의 폐에 페스트균이 침투함으로써 발생한다. 위독한 폐렴으로 이어지며 적절하게 치료하지 않으면 하루에서 며칠 안에 사망한다. 폐페스트는 기침을 통해 사람 사이에서 비말 감염되기 때문에 전염력도 높았다.

이와 같은 감염증에 대해 당시에는 치료법도 확립되지 않았으며, **14세기에 페스트로 인한 사망자는 유럽에서만 3천만 명 이상이었다고 한다. 이것은 당시 유럽 인구의 약 3분의 1에 해당한다. 역병은 전쟁 이상으로 사망자를 내는 무서운 것이었다.** 사람들은 페스트를 너무 두려워한 나머지, 이러한 팬데믹을 신의 벌에 의한 재앙이라고 생각했다.

페스트 말고도 당시는 나병이라고 불렸던 한센병도 두려워했다. 한센병에 걸리면 피부 증상이나 신체 변형이 생겼기에 환자를 차별하는 풍조가 기원전부터 있었기 때문이었다. 그 밖에도 지금도 수년마다 유행하는 인플루엔자나 1980년에 종식 선언이 나온 천연두도 중세에는 치명적인 감염증이었다.

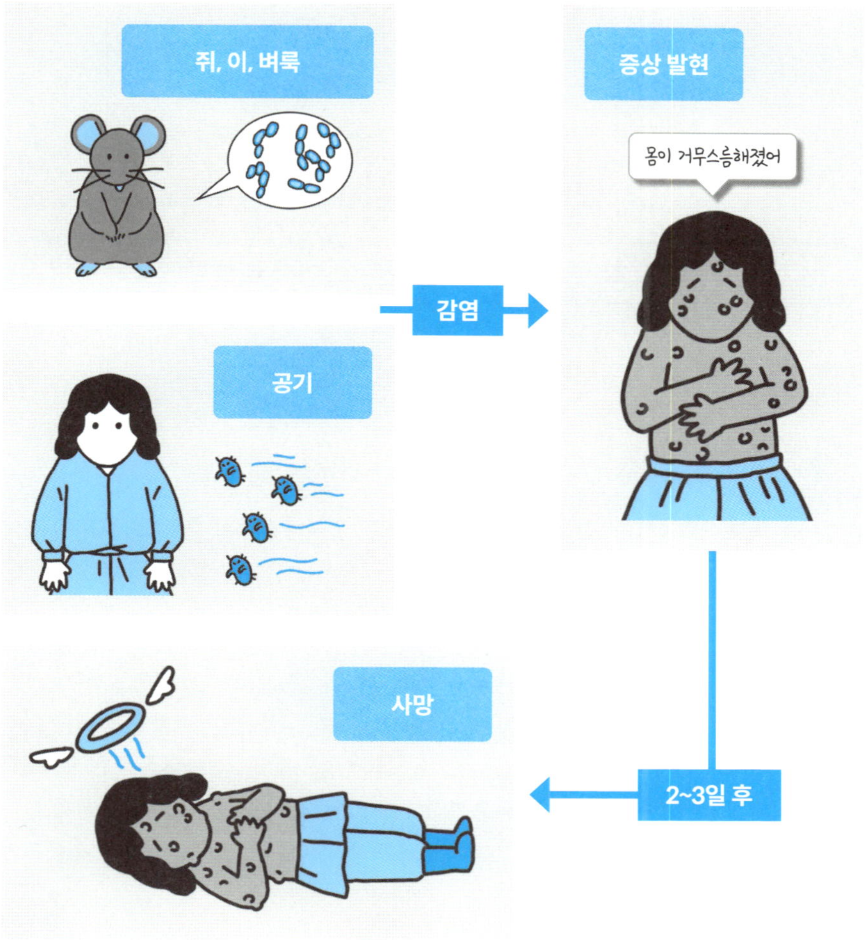

중세 유럽에서는 페스트가 몇 번이고 유행했으며, 그때마다 사회는 큰 위기를 맞이했다. 당시에는 의료 기술이 발달하지 않았기 때문에 정확한 원인을 알 수 없었고, 치료법도 없었다. 페스트에 감염된 환자는 온몸에 반점이 나타났고, 이 때문에 피부가 거무스름해졌으며 2~3일 정도 후에 죽음에 이르렀다. 14세기 중반의 페스트 유행에 관해서는 근대 소설의 선구자라고 불리는 조반니 보카치오의 《데카메론》에도 자세히 나와 있다.

⑫ 재해

자연재해는 신의 분노?

자연재해와 그것이 불러오는 역병은 사람들을 때때로 공포에 빠뜨렸다.
이해할 수 없는 자연의 맹위를 앞에 두고 중세 사람들이 매달렸던 대상은 신이었다.

어떻게도 할 수 없는 사건은 신의 뜻이라고 생각했다

자연을 통제할 수 있다고 생각하는 것은 큰 착각이다. 우리는 과학 기술이 발전하고 많은 지혜를 쌓아 올린 현대에서조차 다양한 자연재해에 시달리곤 한다. 그럼에도 현대인은 재해로 이어지는 자연 현상의 메커니즘 중 많은 수를 해명했다는 점에서 다행일지도 모른다. 중세 시대에는 손을 쓸 수 없는 사건을 신의 뜻이라고 여기는 경향이 강했다.

지진이든 홍수이든 확실한 전조 없이 찾아오는 원인 불명의 파괴와 혼란. 그 배후에 초월적 존재가 있다고 믿게 되는 심정은 분명 이해되는 면이 있다. 가령 무언가의 전조가 있었다고 해도 그것을 먼 곳에 알릴 수단이 없다면 막상 무슨 일이 벌어졌을 때 대비할 수 없다. 그렇다면 거기에서 신의 뜻을 찾아내고 이해하고 싶어질 만도 하다. 그러는 편이 정신적으로도 편했을 것이다.

거기에 구체적인 의미를 부여한 것이 교회였다. **수도사들은 홍수나 산사태 등 주변의 자연재해를 설법에 도입하여 이것을 신의 분노로 해석하면서 민중의 마음을 사로잡았다.** 실제로 이를 통해 사람들의 상처받은 마음이 회복하는 면도 분명 있었다. 또한 교회의 구제 활동은 실질적으로도 생활의 기반을 잃은 곤궁자의 생명을 구했다.

재해는 역병도 불러온다. 홍수나 풍우 재해 같은 수해일 때 특히 현저했으며, 토지가 침수되어 농작물의 수확이 줄어듦과 동시에 역병을 발생시켰다. **재해와 역병, 이에 더해 전쟁도 있었기에 인구가 줄고 노동력이 저하된 결과, 심각한 기근이 찾아왔다.** 중세 사람들은 기근을 '신의 검', '신의 망치'라고 부르며 두려워했다. 그리고 이것을 신의 시련이라고 간주하고, 평상시부터 청빈한 생활을 보내며 만일을 대비했다.

재해와 종교

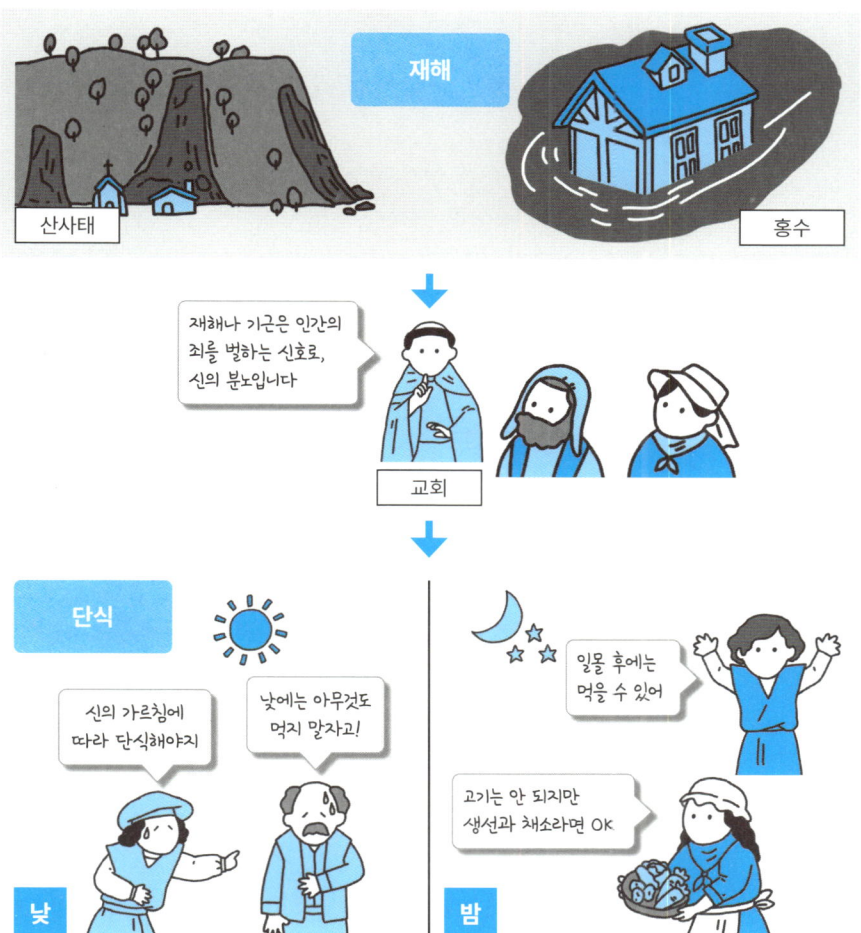

사람의 힘으로는 어찌할 도리가 없는 재해, 또한 그로부터 생겨나는 기근이 있다. 중세 시대에는 인간의 지식으로 이해할 수 없는 현상은 신의 메시지가 담겨져 있다고 생각했다. 기독교에서는 이것을 인간이 범한 죄에 대한 '신의 분노'라고 해석하고, 따라서 회개해야 한다고 설파했다. 신에게서 주어진 시련을 극복하기 위해 사람들은 성서의 가르침에 따라 검소한 생활을 하게 되었다.

중세 사람들의 기본적인 종교관

아담과 이브의 낙원 추방으로 인해 그들의 자손인 인간은
태어나면서 죄인의 숙명을 짊어졌다는 사고방식이 퍼졌다.

죄를 범해도 용서받을 방법은 있다

기독교에는 '원죄(原罪)'라는 사상이 있다. 구약 성서에는 유혹에 져서 금단의 과실을 입에 담은 탓에 신의 분노를 사서 낙원에서 추방당한 아담과 이브의 이야기가 나온다. 그 자손인 인간은 태어났을 때부터 그 죄를 이어받았고, 언젠가 죽음을 맞이하게 되는 운명에 처했다는 의미다. 그렇게 태어나면서 죄인이 되었다고 해도 완전히 신성을 잃어버린 것은 아니다. 신은 사후, 인간의 죄를 재판해서 자신들의 낙원에 합당한 자들을 구원한다. 이를 위해 필요한 것이 욕망과 죄와 싸워서 승리하는 일이었다.

이 원죄라는 사상은 포교와 신도 관리에 크게 공헌했다. 사람들이 품는 원죄에 대한 공포를 교묘하게 이용한 것이다. 사람들이 교회를 찾아 자신들의 죄를 고백하게 된 것도 그 흐름 중 하나다. 보통 고해라고 불리는 행위로, 가톨릭에서는 '용서 성사'라고도 한다. 가톨릭교회의 중요한 의례인 성사 중 하나로, 이것을 행하는 고해 사제가 교회나 수도원에는 반드시 존재했다. 세례 후에 범한 죄에 대해 용서를 내리는 것이 역할로, 신자뿐만 아니라 성직자에게도 용서를 내렸다.

교회에서는 '속죄 규정서'가 있었고, 이는 오래전부터 고해 사제의 필수서였다. 12세기 이후, 이것에 기반해 속죄가 가능한 소죄(小罪)와 신의 규칙을 어기는 대죄(大罪)로 구별하게 되었고, 그 속죄법이 정해졌다. 다만 여기에서 말하는 죄는 법률상의 죄가 아니라 종교적인 죄이며, 심판 또한 정신적인 심판이다. 이런 죄에 대해서는 신에 대한 귀의를 표현하거나 단식 등으로 속죄할 필요가 있었다. 속죄 규정서는 그때의 양형 판단에 이용했다. 14세기에 들어서자 돈을 지불하면 죄가 사해지는 면죄부라는 개념이 나타났다. 면죄부의 매매는 교회의 큰 재원이 되었지만, 그만큼 부패의 근원도 되었다.

고해실 사제에게 자신의 죄를 고백하고, 신의 용서를 구했다.

고해의 흐름

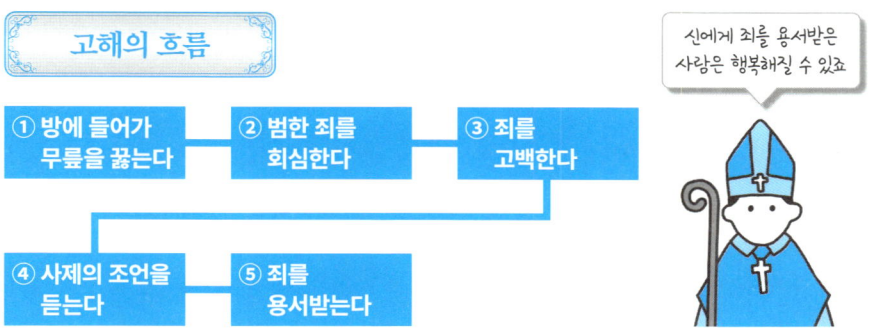

인간은 태어났을 때부터 죄를 짊어지고 있지만, 회개하여 신에게 용서를 구하면 사후에 구원받을 수 있다는 것이 기독교의 가르침이다. 이에 따라 정기적으로 자신의 죄를 고백하고 속죄하는 것이 좋다고 여겨졌다. 사회의 규칙을 깨서 벌을 받더라도 사법에 의한 벌칙과는 별개로 일정 기간 빵과 물만으로 생활해야 한다는 식의 내용이었다.

천국과 지옥의 틈새 '연옥'

연옥이란 중세 시대에 등장한 가톨릭의 새로운 개념이다.
죄를 범한 자에게도 구제가 주어진다는 연옥이라는 개념은 신자들의 마음을 사로잡았다.

천국과 지옥 외에도 영혼의 행선지가 있다

'연옥(煉獄)'이라는 단어를 들어봤어도 그 의미를 제대로 아는 사람은 많지 않은 것 같다. **가톨릭에서는 천국과 지옥 사이에 어떤 틈이 있으며 연옥이라 불리는 이 곳은 둘 중 어느 쪽에도 가지 못하는 영혼이 화염에 의한 고통을 통해 죄를 정화할 수 있는 곳으로 정의한다.** 13세기에 교회가 공인했으며, 성직자의 설법은 물론, 지옥·연옥·천국을 떠도는 단테의 장엄한 서사곡 《신곡》 등을 통해 사람들에게 퍼져나갔다. 애초에 기독교가 정의한 사후 세계는 원래 천국과 지옥, 둘뿐이었다. 즉 축복을 얻는지 벌을 받는지는 생전의 행동에 따라 정해지며, 죄를 범한 자가 구원을 받을 방법은 따로 없었다. 거기에 추가된 것이 연옥이라는 개념이다. **죄를 범한 자는 그 속죄로서 연옥의 화염에 태워진다. 그를 통해 죄는 정화되며 정화된 영혼은 천국으로 들어갈 수 있다는 식이다.** 또한 연옥에 어느 정도 있게 될지는 생전의 행동에 따라 정해진다.

이는 신학자들이 성서를 풀이하는 가운데 태어난 새로운 해석으로, 연옥은 신자들의 요구에도 부합했다. 죄를 범한 자라고 해도 구원받을 수 있다는 사실은 완벽하게 청렴결백할 수는 없는 보통의 사람들에게 구원이자 희망의 빛이 되었다. 동시에 어떤 악행에 손을 물들인 자여도 선행을 하면 연옥에서 화염의 정화를 얻을 수 있다는 말이기도 했다. 그 중재역할을 맡은 이가 성직자로, 신앙을 통한 교회의 지배도 더욱 강해지게 되었다.

참고로 뿌리가 동일한 기독교 중에서도 가톨릭이 아닌 프로테스탄트(개신교)나 정교회(동방 정교회) 등 다른 교파는 연옥이라는 개념에 부정적이므로, 세계관 설정의 모티프로 삼을 때는 주의가 필요하다.

기존에는 죄를 범하면 지옥에 떨어지는 것을 피할 수 없다고 여겼지만, 죗값을 치르고 정화하여 용서를 구할 수 있다는 연옥의 존재가 대두되기 시작했다. 연옥의 화염에 태워짐으로써 죄를 짊어진 영혼이 정화되어 천국에 갈 수 있게 된 것이다. 신도에게 연옥이란 그야말로 희망의 빛이라고도 할 수 있었다. 이 설에 따라 교회에는 더욱 많은 신도가 모여들었고, 가톨릭교회는 금전적으로도 풍요로워졌으며 지배력을 강화할 수 있게 되었다.

Column 3

재판에서는 동물도 심판받았다

지금으로서는 상상도 할 수 없는
동물 재판도 당연한 분위기로 열렸다

현대의 재판이란 법을 바탕으로 사람이 사람을 심판하는 사법 제도지만, 중세 유럽에서는 사람에 한정하지 않고 동물도 재판장에 섰다. 당시에는 동물이라고 해도 죄를 범했다면 심판을 받아야 한다는 분위기였다. 이것은 동물을 사람의 손으로 재판함으로써 본래는 인간이 이해할 수 없는 영역이라서 두려워했던 '자연'을 인간의 지배하에 놓고 싶었던 기독교의 사고방식에 바탕을 둔 것이었다.

인간처럼 의도적인 범행을 벌이지 않는 동물을 심판하는 게 과연 가능할까 싶지만, 동물에게는 변호사가 따라붙었고, 요즘 식으로 말하자면 변호 측과 검찰 측의 의견을 바탕으로 적당한 처벌이 내려졌다. 그리고 재판 결과, 살인죄로 형을 받는 가축이 있는가 하면 악마가 씌었다며 처형당하는 동물도 있었다고 한다.

밭에 해를 끼쳤다는 이유로 곤충을 재판에 회부하는 경우도 있었지만, 작은 데다가 날아다니는 곤충을 재판에 세우기는 지극히 어려웠다. 따라서 곤충을 악마의 화신이라고 간주하고 악마 퇴치 의식을 행하거나 기도를 함으로써, 재판장에 서지 않고도 무언가의 심판을 가해서 대처했다고 한다. 다양한 죄목을 받았던 동물 중에서도 특히 수간과 관련된 동물은 엄격히 처벌받았고 화형에 처해졌다.

PART 4

중세 유럽의 시설과 주거

성과 교회, 민가 등 도시나 농촌에는 다양한 건물이 존재했다. 이번 파트에서는 보다 생생하게 이야기를 창조하기 위해 당시의 거리 풍경을 살펴본다.

왕이나 영주의 자택 겸 직장이었던 성

십자군의 군사 원정은 기독교 세력의 확대로 이어지는 한편,
침공지였던 중동의 문화를 받아들이는 계기도 되었다.

중동 문화의 유입으로 성곽 건축에 혁명이 일어났다

중세의 성(성채)은 왕이나 영주, 그 가신이 사는 생활 공간이면서 동시에 중요한 군사 거점이기도 했다. 영주의 권력과 재력에 따른 규모의 차이는 있었지만, 탑과 성문을 가지고 방어를 위한 해자(성 주위에 둘러 판 못)와 성벽에 둘러싸인 점은 공통적이다.

성에는 시대나 장소에 따라 여러 유형이 있다. 중세 초기에 쉽게 볼 수 있는 유형은 '모트 앤드 베일리(Motte & Bailey)'라는 형식이다. 영주의 거주지인 목조 아성(킵, keep)을 갖춘 모트(언덕)와 말뚝과 해자로 둘러싸인 베일리(앞뜰)를 갖춘 성이다.

'셸 킵(Shell keep)'은 고리 모양의 석조 아성을 갖춘 건축 양식이다. 현존하는 예로는 영국 왕실의 별궁인 윈저 성(Winsor Castle)의 라운드 타워가 있다. 셸 킵은 본래 1층에 저장고, 2층에 거주 구역인 대형 홀을 갖춘 심플한 구조였다. 그것이 시대가 지나자 상층에 영주들의 침실이 설치되고, 예배실과 도서관도 갖추게 되었다. 앞뜰에는 작업장이나 가축 막사 등이 있었으며, 흡사 작은 마을 같은 형태였다.

셸 킵을 비롯하여 **중세 시대에 축성 기술이 발전한 배경에는 십자군 운동에 의한 중동 문화의 유입이 있다.** 2중 성벽이나 아성과 성문을 하나로 만든 킵 게이트하우스, 성문에 붙박이 도개교나 쇠창살 문(수직으로 개폐하는 문짝)을 설치하는 것도 중동의 축성 기술에서 유래한 것이다.

성채와 비슷한 시설로는 왕궁이 있다. 이것은 왕이나 황제가 국내 통치를 위한 거점으로 삼은 장소다. 거주 구역 외에 거실이나 예배당도 있었고, 회의나 재판, 종교의식도 열렸다. 중앙집권 국가는 수도에 왕궁이 있지만, 중세의 지방분권 국가는 왕이나 황제가 순행하며 나라를 운영했기 때문에 국내 각지에 왕궁이 있었다.

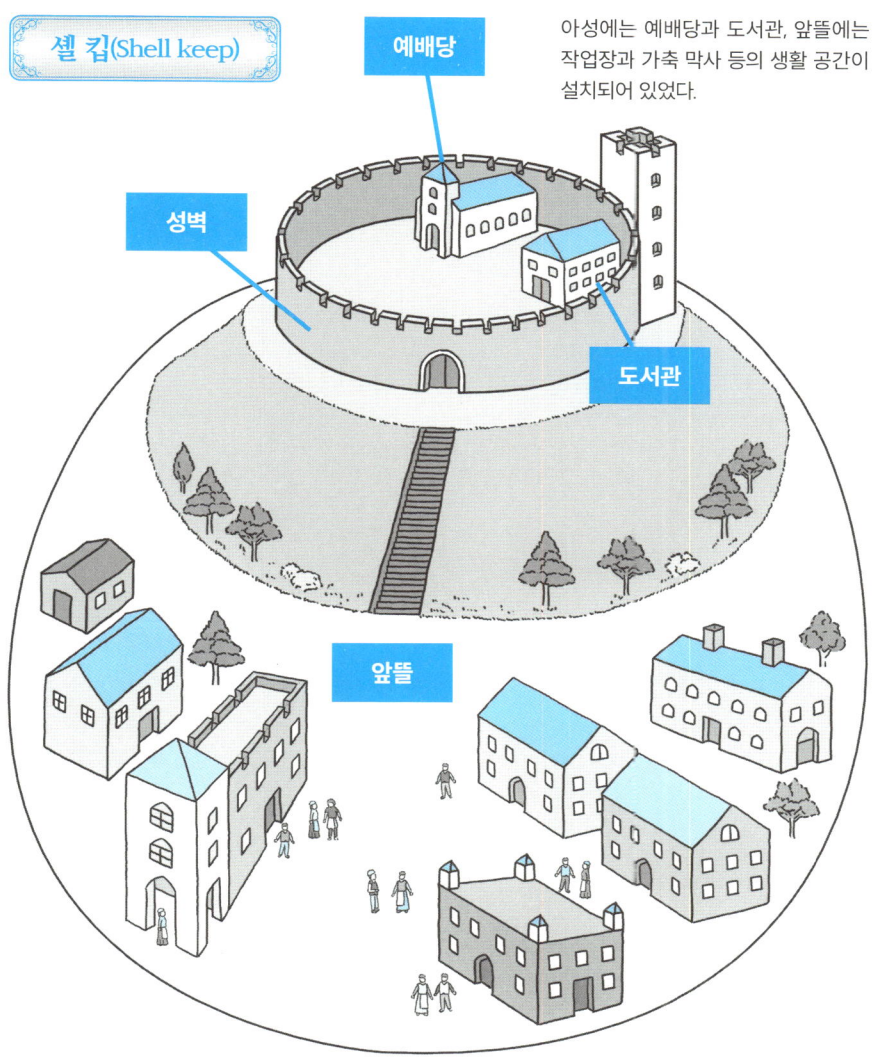

십자군 원정으로 인해 중동 문화가 서구로 유입되었다. 아성과 성문이 합쳐진 구조나 2중 성벽 등 성의 방어를 강화하는 다양한 중동의 기술이 도입되었다. 또한 수비가 견고한 아성에는 거주지나 예배당처럼 주요 건축물이 세워져 있었고, 앞뜰에는 조리장이나 작업장, 가축 막사가 있었다. 성 하나로 충분히 생활할 수 있는 환경이 조성되어 있던 것이다.

시대에 따라 변하는 기독교의 건축 양식

초기 비잔틴 양식에서 시작되어 중세의 번성기 때는 로마네스크 양식, 고딕 양식 등 교회 시설의 건축 양식은 시대가 바뀌면서 변화했다.

제단이 놓인 성당을 중심으로 한 건물

중세의 교회 시설은 규모나 시대에 따라 약간씩 달라졌지만, 공통점은 성당(예배당)의 존재로, 같은 부지 내에 사제가 생활하는 사제관이나 묘지 등의 시설이 있는 것이 일반적이었다. 또한 그중에는 첨탑이나 종루를 가진 교회도 있었다.

성당은 성직자만 들어갈 수 있는 '내진(內陳)'과 신도가 모이는 '신랑(身廊)'과 '측랑(側廊)'으로 나뉘어 있다. 내진에는 제단과 설교단이 놓이며, 성배, 성궤, 성유 그릇, 세례반 등의 성구가 준비되어 있었다. 또한 배후에는 십자가와 예수상, 성모상, 성인상이 장식되어 있다. 신도가 앉는 벤치가 없는 것이 현대와의 눈에 띄는 차이다.

기독교의 상징이라고도 할 수 있는 대규모 성당의 스타일은 중세 시대 전반에 걸쳐서 건축 양식에 변화가 있었다. **초기에 많았던 것은 고대 그리스·로마 문화를 이어받은 비잔틴 양식으로, 돔 형태의 지붕과 내벽을 꾸미는 기법인 모자이크 장식이 특징이다.** 튀르키예의 수도 이스탄불의 하기아 소피아 대성당이 그 대표적인 예다.

11~12세기경에 주류가 된 것이 반원 아치 구조를 이용한 로마네스크 양식이다. 천장에도 석재를 사용했으며, 그것을 지탱하기 위해 벽은 두껍고 기둥도 굵었다. 피사 대성당도 이 양식이다. 12~13세기경에 등장한 것이 고딕 양식으로, 파리의 노트르담 대성당이 대표적인 예다. 상단부가 뾰족한 첨두아치 구조는 상부의 석재를 지탱함과 동시에 수직 방향으로 시선을 유도하여 천국을 향한 동경을 표현하는 강조 효과도 있었다. 넓은 창문을 장식하는 스테인드글라스도 고딕 양식의 큰 특징이다. 중세 세계관을 다룬 작품에서 중세 기독교 교회의 디자인을 거의 그대로 이용하는 경우가 많은 이유는 이들 각 양식이 풍기는 장엄한 분위기를 그대로 표현하려는 의도가 크기 때문일 것이다.

비잔틴 양식

실내는 아치 구조의 역학이 활용되었고, 돔 형태의 천장도 만들어졌다.

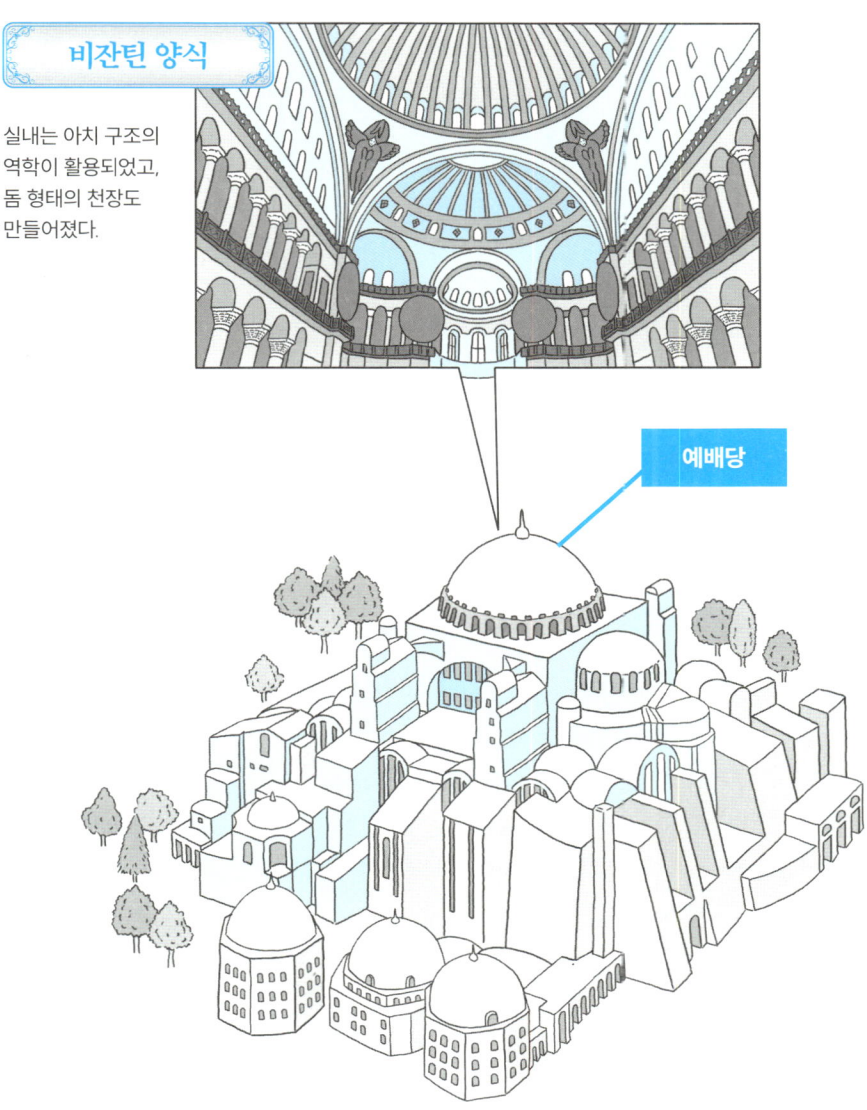

예배당

비잔틴 양식의 교회는 천장이 돔 형태이며, 평면도로 보면 원형이나 정사각형이 많이 보이는 특징이 있다. 내부의 벽은 모자이크화나 프레스코화로 장식했다. 교회의 실내 공간은 기본적으로 십자가, 성모상, 성인상, 제단, 성배, 향로 등이 설치되어 있다. 기독교 문화의 발전과 더불어 유럽뿐 아니라 러시아와 서아시아로도 퍼져나갔다.

③ 수도원

수도사의 거주지, 포인트는 중정의 회랑

중세에 확립된 수도원 건축의 핵심은 중정 주변을 사각으로 둘러싼 회랑이다.
회랑은 수도사가 성서를 읽고 사색이나 필사를 하는 장소이기도 했다.

수도원 건축의 기본은 9세기에 확립되었다

수도사는 신에게 청빈, 정결, 복종을 맹세하는 수도서원을 하고, 속세의 인연을 완전히 끊어야만 한다. 그런 수도사들이 금욕적인 공동 생활을 하는 장소가 수도원이었다. 최초의 수도원은 529년, 가톨릭교회의 성인 베네딕토가 이탈리아에 세운 몬테카시노 수도원이라고 알려져 있다. 베네딕토는 수도사의 규범이 되는 수도 회칙도 아울러 제정했다. 이후 수도사에게 점차 엄격한 계율이 부과되기 시작하였다.

수도원은 그 시설 또한 특징적이다. 820년경, 스위스의 장크트갈렌 수도원에서 수도원 건축의 기본이 되는 지침서가 만들어졌다. 이 건축의 포인트는 사각형의 중정을 둘러싼 기둥들이 세워진 회랑이다. **수도원은 수도사들이 고행을 쌓으며 신앙을 키우는 중요한 장소다. 그 중심이 바로 회랑으로, 수도사들은 회랑을 걸으면서 성서를 해석하고 종교적 사색에 빠졌다.** 종교 시설에 필수인 성당을 비롯하여 수도사들이 기거하는 독실, 식당이나 주방 등도 회랑에 연결되도록 배치되어 있다.

수도원은 속세와 단절된 장소이기 때문에 당연히 수도사들에게는 자급자족 생활이 요구되었다. 이 때문에 농경지나 가축 막사가 종교 시설을 둘러싸듯 배치되어 있었다. 수도사들은 이처럼 신앙생활에 최적화된 공간에서 4~5시간의 기도와 농사, 필사 같은 노동에 종사하는 나날을 보내며 신앙을 키웠던 것이다. 흔히 RPG 게임의 직업으로 익숙한 몽크(Monk)는 엄격한 수행을 견딘 무투가 승려를 가리키는 용어지만 영어권에서 수도사, 수도승을 일컫는 영어 단어도 동일하게 몽크라고 부른다.

중정을 둘러싸는 회랑에서 수도사들은 성서를 읽고 사색에 잠겼다.

회랑은 수도사들의 생활을 말할 때 빼놓을 수 없는 장소다. 수도사들이 많은 시간을 보내는 중요한 공간이었기 때문에 견고한 구조를 갖추고 있었다. 대부분의 회랑은 햇빛이 잘 들어오고 바람이 잘 통하는 구조로 지어졌다고 한다. 중정의 화초들은 싱그럽게 자라났으며 회랑에서 명상하고 성서를 읽는 수도사들이 오래 머물러도 지치지 않는 장소였다.

④ 도시 시설

적의 습격에 대비하여 성벽으로 둘러싼 도시

유럽은 고대 이후로 혼란스러운 중세 시대를 맞이했다. 사람들은 언제 쳐들어올지 알 수 없는 외적의 습격에 대비하여 견고한 성벽 안쪽에 도시를 발전시켰다.

좁은 면적에 건물이 밀집해 있었다

게르만족의 대이동을 시작으로 고대에서 중세 초기에 걸쳐서 다양한 민족이 유럽으로 유입되었다. **영주들은 그러한 이민족에 대처하며 영토를 두고 싸우는 적이나 강도의 습격에서 몸을 지켜야만 했다. 따라서 도시 설계의 제1목표를 방위에 둘 수밖에 없었다. 도시를 둥글게 둘러싼 성벽은 바로 이러한 목적의 상징이다.** 이 때문에 시민이 사는 집이나 각 시설은 벽 안쪽의 좁은 토지에 밀집하게 되었다.

도시의 토지는 성벽 안쪽으로 한정되었기에 인구가 늘어나면 당연히 비좁아졌다. 그럴 때는 시가지를 늘리고 새롭게 성벽으로 둘러싸는 식으로 면적을 확대했다. 도시 외부로 출입할 때는 성문을 이용했다. 동시에 성문에서는 아군과 적군의 식별도 이뤄졌다. 성벽에는 감시용 탑과 벽에 달라붙어 침입하는 적을 활로 쏘기 위한 탑이 건축되기도 했다.

성벽으로 둘러싸인 도시의 중심에는 중앙 광장이 있었다. 중앙 광장에는 주교좌(권위의 상징인 주교가 앉는 의자), 도시에서는 성당(Cathédrale, 카테드랄)을 세웠고 자치도시 등에서는 시청사가 세워졌다. 시청사에는 거대한 종루가 있고, 이러한 종루는 집회소, 피난소, 감옥의 역할을 담당했다.

시민의 교류 공간이기도 한 중앙 광장에서는 방사 형태로 대로가 뻗어 있었고, 대로가 교차하는 장소에는 광장과 급수 시설이 있었다. 이 광장 근처에는 교회, 무료치료소 또는 묘지가 병설된 수도원이 있었다. 도시 생활자가 생활하는 집은 대로변에 모여 있었다. 같은 업종이 모여 사는 경우가 많았고, 집은 상점이나 공방을 겸하기도 했다. 또한 대로에서 벗어난 곳에는 빈민이나 범죄자가 모이는 빈민굴이 있었다.

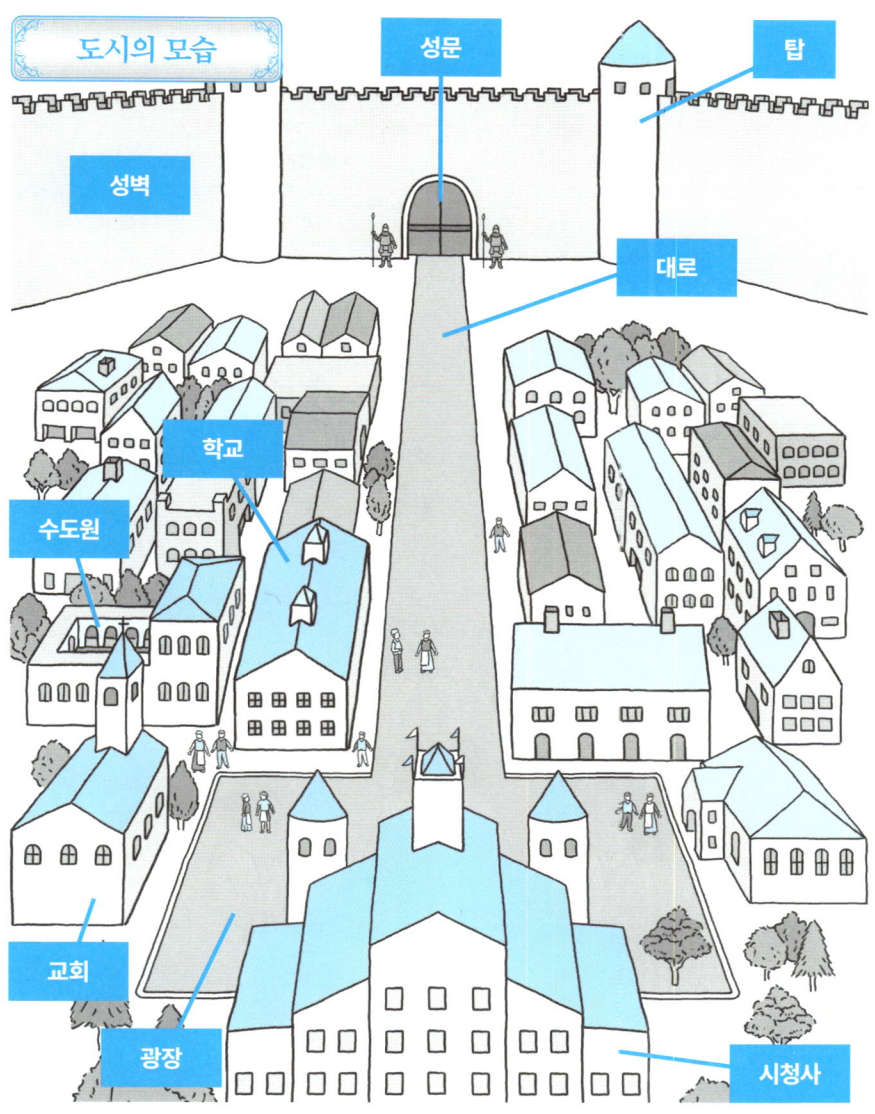

중세의 도시는 성벽에 의해 보호받았다. 성벽의 내부를 보면, 마을의 출입구인 성문 앞쪽으로 쭉 뻗은 대로의 양쪽에는 노점이 늘어섰고 항상 물건을 사고 파는 사람들로 붐볐다고 한다. 중심지에는 시청사 같은 주요 건물이 위치했고, 광장 근처에는 교회, 수도원이 있으며 그 옆에는 학교가 세워져 있었다. 또한 대로에서 벗어난 장소에는 빈민이나 범죄자가 살았다.

⑤ 도시의 주거

시민이 살던 집은 주로 3층 이상

성벽에 둘러싸인 도시는 거주용 토지 면적이 제한되었기 때문에
늘어나는 시민을 수용하기 위해 높게 증축을 거듭했다.

대다수의 시민은 장인이나 상인이었다

도시 사람들의 집은 중앙 시장에서 방사 형태로 뻗은 대로 주변으로 세워졌다. **토지 면적이 제한되었기에 거주 공간을 확보하기 위해 위쪽으로 층을 계속해서 쌓아 올리는 수밖에 없었다. 성벽 내에 있는 시민의 가옥은 주로 목조 건물로, 2~6층 규모의 건물이 대로를 따라 줄줄이 세워졌다.** 이렇게 지은 집들은 무리한 증축 탓에 상층부가 옆집에 닿을 정도로 뻗어 있거나 도로를 덮는 경우도 있었다.

도시 생활자 중 많은 수는 장인이나 상인이었기에 건물 1층이 가게나 작업장으로 사용되는 경우가 많았다. 이러한 경우에 주거 공간은 2층 이상이 되었다. 도로에 면한 측에는 창문이 있는 커다란 방을 만들었는데 이곳이 주인 가족의 침실이었다. 그 뒤쪽으로 부엌 등이 있고, 문이 없는 개방형 화로나 난로를 놓고 난방 시설로 삼았다. 장인의 집에서는 건물의 위층에 제자의 방도 준비되어 있었다.

이런 장인의 집이나 상가의 1층에는 셔터 창이 상하로 열리는 구조의 창문이 있었다. 열면 창문 위쪽이 차양, 창문 아래쪽이 선반이 되어 상품을 진열할 수 있는 실용적인 방식이었다. 이른바 외부 판매(테이크아웃)도 가능한 가게로, 이러한 스타일은 현대 상점에도 그대로 이용되고 있다. 한편, 부유층의 가옥도 구조에 큰 차이는 없었다. 다만 석조로 만들어져 있었고 뒤뜰이나 별채를 따로 둔 경우도 있었기에, 이러한 면에서는 역시 서민의 집과 달랐다.

생활에 필수인 시설로는 화장실을 빼놓을 수 없다. 당시에는 돌출창식 또는 야외식이었고 (60쪽 참고) 밤에는 요강을 사용했다. 다시 설명하자면 배설물을 구멍을 통해 바깥으로 던져 버리는 것이 돌출창식이다. 중세 판타지 작품에 등장하는 성의 벽면에 용도를 알 수 없는 돌출부가 떠올랐다면 사실은 그것이 돌출창식 화장실의 배출부다.

도시의 건물

장인이나 상인이 많이 사는 도시에서는 작업장과 거주 공간이 하나로 구성된 건물이 주류였다.

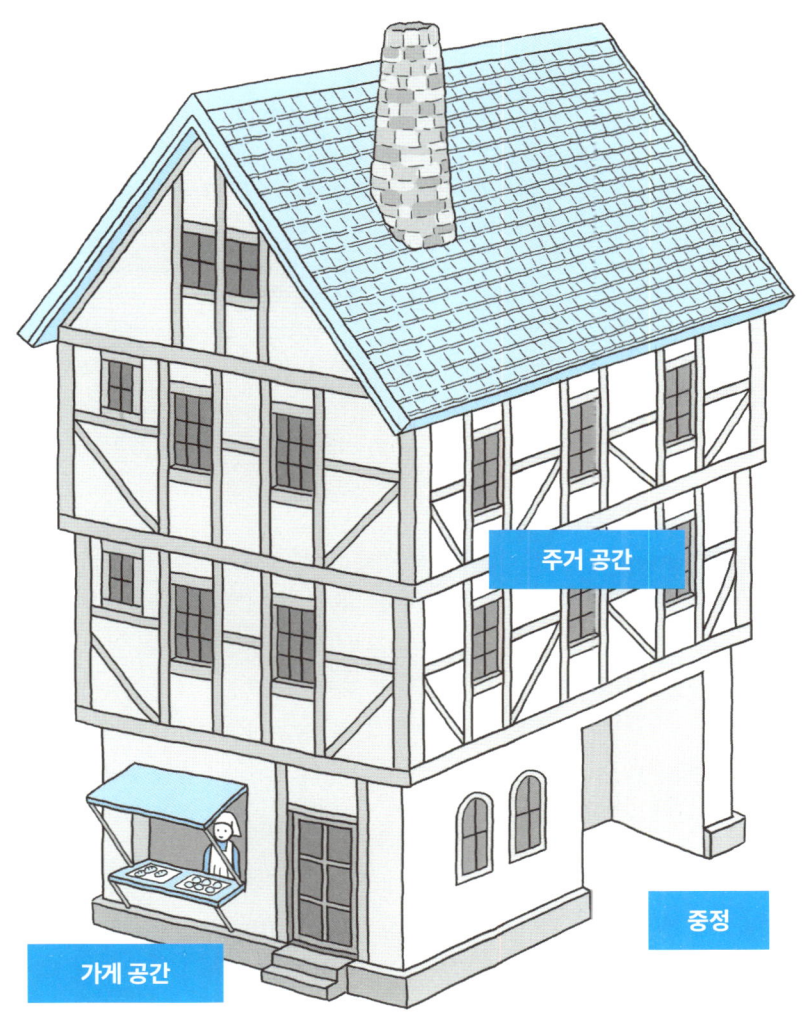

중세의 도시는 성벽 내의 공간이 좁았고 건물은 위쪽으로 증축되기 마련이었다. 위층의 증축 부분이 튀어나와 아래층과 어긋나는 구조의 가옥도 많았다고 한다. 1층 부분은 주로 상점이나 공방처럼 장사를 위한 공간이며, 2층 이상은 주거를 위한 공간이었다. 처음에 만들었던 안뜰은 거듭되는 증축 때문에 점점 면적이 좁아져서 최종적으로 중정이 되었다고 한다.

마을의 중심에는 교회가 있었다

중세의 전성기에는 대규모의 마을이 형성되기 시작했고,
교회나 영주의 저택을 중심으로 다양한 형태의 농촌이 탄생했다.

교회는 군사적 방어 시설을 겸했다

중세의 농촌에 이렇다 할 전형적인 구조는 없다. 다만 시대와 지역, 혹은 그 성립에 따라 몇 가지 유형으로 나눌 수 있다. 이중 성곽을 중심으로 주택이 밀집하여 도시화된 것을 요새화라고 한다. 성벽으로 농촌을 감싸는 형태로, 침략과 전쟁으로 혼란스러웠던 동란기인 10세기경에 많이 찾아볼 수 있었다.

집촌이라고 불리는 대규모 마을은 12세기에 탄생했다. 집단 농법이 확립되며 인구가 안정적으로 증가한 것이 그 배경이다. 여러 가옥이 모이며 형성된 농촌은 그 성격에 따라 다시 몇 가지로 분류할 수 있다. 예를 들어 괴촌은 가옥이 불규칙적으로 밀집하게 세워져 있고, 그 사이에 교회와 같은 주요 시설이 혼재하는 형태다. 다른 예로 광장촌은 타원형의 광장과 교회를 중심으로 가옥이 모인 규칙적인 형태가 특징이다. 이 경우, 경작지는 가옥 주변에 퍼져 있다. 가촌은 도로를 중심으로 가옥이 세워진 마을로, 공동 경작지는 마을 주변에 있었다.

이런 농촌에서는 몇 가지 정해진 시설이 존재했다. 교회와 공동묘지, 영주의 저택인 매너 하우스(Manor house) 등이다. 우리는 흔히 교회를 종교 시설이라고만 생각하지만, 서양에서는 보다 사람들의 생활에 깊게 뿌리내린 시설이었다. 신앙의 장소임과 동시에 교육의 장, 집회소로서의 면모도 겸비했다. 그 밖에도 한 가지 중요한 역할을 꼽자면 외적에게 습격당했을 때의 피난소로서도 기능했다는 사실이다.

광장촌의 경우, 이런 중요 시설은 중앙광장에 모여 있었다. 광장은 집회 장소로 사용하거나 가축 막사에 넣을 수 없는 가축을 수용할 때도 있었다. 마을에는 이런 시설 외에도 주부들의 사교장인 우물이나 급수 시설이 있었고, 강가 근처에는 물레방앗간도 있었다.

중세의 농촌에는 다양한 종류가 있다. 그중 하나인 광장촌을 예로 들면, 광장을 둘러싸듯 가옥이 모여 있고 그 주변에는 경작지가 펴져 있었다. 광장은 마을 사람들의 집회 장소였고, 또한 이곳에 교회도 세워져 있었다. 영주가 마을에 방문했을 때의 숙소인 매너하우스는 평소에는 창고로 쓰거나 재해가 발생할 때는 피난처가 되었다.

짚이나 새끼줄로 만든 간소한 집

중세의 농민은 간소한 집에 살았다. 실용성이 중요했기에 딱히 장식도 없었고,
반드시 필요한 가재도구만이 놓여 있었다.

빈부격차는 집으로 나타난다

중세의 농민은 무척이나 간소한 집에 살았다. 대부분의 가옥이 토대도 없이 지면에 그저 기둥만 세웠을 뿐인 간단한 만듦새였다. 대다수는 직사각형 단층집으로, 폭은 6미터 정도부터 큰 경우에도 10여 미터, 높이는 해 봐야 3미터 정도밖에 되지 않았다.

지붕은 짚을 엮어 만든 지붕이 일반적이었다. 현대에도 옛날 집에서 볼 수 있는 형태로, 건축의 모든 재료로 식물을 사용하여 실용적으로 만든 간단한 만듦새였다. 바닥은 땅을 다지는 정도로 마무리하거나 그 위에 점토를 덮고 골풀을 깔았다. 벽은 잔가지를 엮어 만든 틀에 회반죽이나 진흙, 짚, 쇠똥 등을 섞은 재료를 바르고 굳혀서 만들었다. 지역에 따라 작은 돌 등 석재를 쌓아 올려서 벽으로 만드는 경우도 있었다. 현관문은 금속 경첩이 아니라 가죽끈 등으로 고정하거나 단출하게 천이나 가죽을 포렴처럼 달아서 사용했다.

실내는 보통은 두 구역으로, 화로가 있는 거실과 침상 공간으로 구분되었다. 이 무렵의 화로는 조명과 난방을 겸한 것이었지만 굴뚝이 없는 개방식이었기 때문에 지붕에는 배기구가 만들어져 있었다. **평범한 농민은 이런 조악한 집에서 필요한 최소한의 가재도구를 두고 살았다.** 여기서 말하는 가재도구란 귀중품을 넣는 상자, 냄비나 잔, 사발 등의 식기류, 의자와 테이블, 모포 등의 침구, 귀중한 철제 농기구 등이다.

반면 유복한 농민의 집은 당연히 호화로웠다. 처음에 굴뚝을 갖춘 난로를 도입한 것도 부유층이었다. 그렇게 농민들 사이에 지위나 빈부의 격차가 생겨나자, 부지 내에 안채와 중정 외에 창고나 가축 막사를 구비하는 부농도 나타났다. 한편 방 한 칸짜리 집에 사는 빈농도 여전히 존재했다.

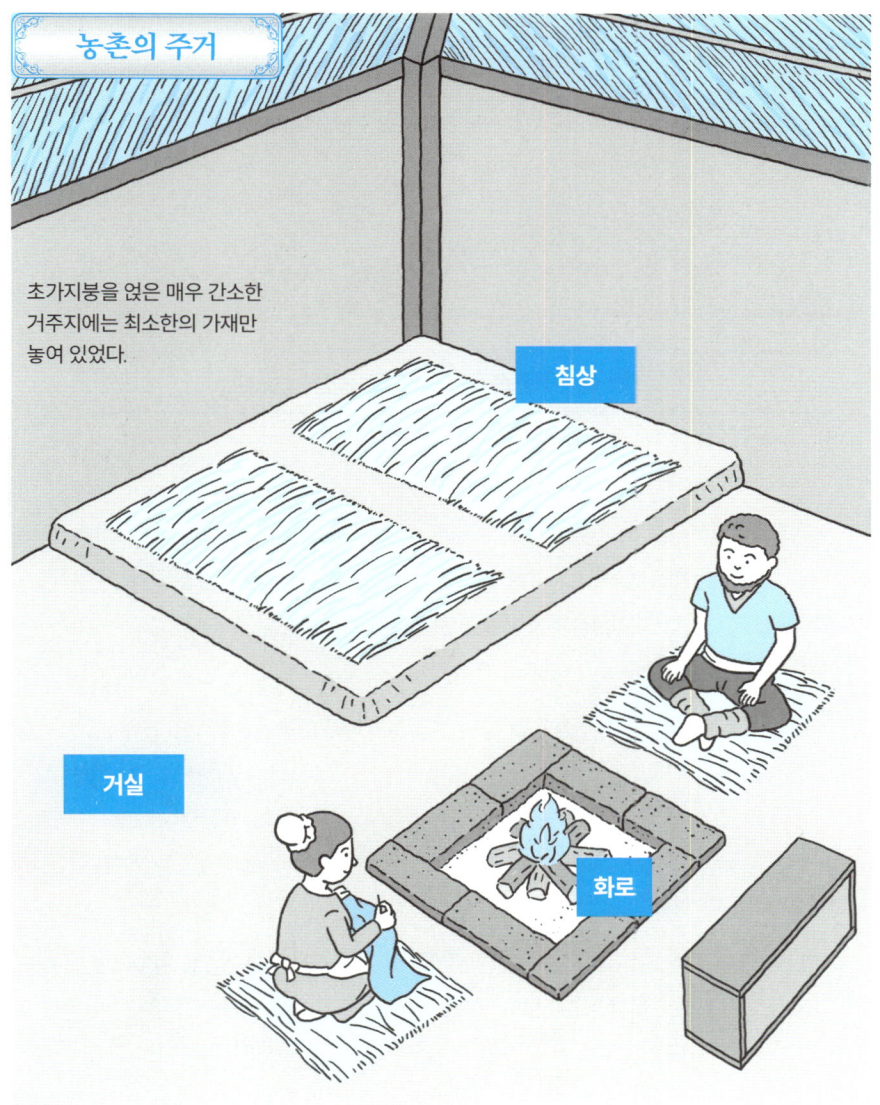

농촌의 주거

초가지붕을 얹은 매우 간소한 거주지에는 최소한의 가재만 놓여 있었다.

침상

거실

화로

농촌 가옥 대다수는 지붕은 짚, 벽은 나뭇가지로 된 틀에 진흙이나 짚 등을 섞은 재료를 발라 굳힌 것이었다. 실내에는 기본적으로 거실과 침상이 있으며, 거실의 중심에 화로를 놓았다. 화로는 짚에 불을 붙여 온기를 얻거나 조리에 사용했다. 침상은 골풀을 깔아서 만들었고, 꽤 간단한 만듦새였다.

저렴한 숙소부터 고급 숙소까지 다종다양

도보 여행이나 말을 타고 하는 여행이 많았던 중세에서 여관은 여행객의 휴식을 위한 중요한 장소였다. 하지만 빈부의 격차에 따라 머물 수 있는 숙소가 달랐다.

여관을 자칭하는 것에도 조건이 있다

목적지를 향해 가혹한 여행을 이어가는 주인공과 그 동료들을 그리고 있다면, 때로는 그들에게도 휴식이 필요하다. 그럴 때 휴식하며 머물 수 있는 것이 가도의 교차점이나 가도 중간에 있는 크고 작은 여관이다. 판타지 작품에 자주 등장하는 그런 장면은 중세의 모습을 거의 그대로 묘사한 것이라고 봐도 좋을 것이다. **당시에는 도보나 말을 통한 이동이 중심이었다. 유럽 각지에 다양한 계층의 사람들을 위한 여관이 존재했다.**

시설이 좋았던 것은 역시 주요 가도나 사람이 많이 모이는 시장 근처에 있는 여관이었다. **당시의 여관에는 손님층에 따라 등급이 나뉘었다. 일반적인 여관은 2층 구조가 주류로, 1층에 식당, 마구간과 중정이 있었다.** 다만 객실은 2명 이상이 공동으로 사용했고, 객실에는 화장실도 따로 없었다. 여관을 경영하기 위해서는 식당과 객실, 6개 이상의 침대를 보유하고 말 10마리를 묶을 수 있는 것이 최소 조건으로 여겨졌다. 하지만 실제로는 겨우 객실 1개밖에 없는 가난한 여관도 많았다.

귀족이나 부유한 상인 등이 묵는 고급 여관은 3층 구조로 1층이 마구간과 창고, 2층이 식당, 3층이 객실로 구성되는 것이 기본이었다. 체스 등을 즐길 수 있는 플레이룸을 둔 여관도 있었다. 일반 여관에는 최소한의 비품밖에 구비되어 있지 않은 것에 비해 이런 고급 여관은 열쇠로 잠글 수 있는 개별 객실에 침대, 책상과 의자, 뚜껑이 달린 상자 등도 준비되어 있었다. 다만 객실에 머무를 수 있는 것은 주인뿐이었고, 주인을 모시는 하인은 마구간이나 헛간에서 묵었다. 중세 전성기를 지나며 여관과 주점의 외부에 고유한 상호와 간판을 게시할 것이 의무화되었다. 여관 간판에는 영주의 문장을, 주점 간판에는 포도주용 오크통 등 서비스 내용을 모티프로 한 그림을 이용했다. 문맹률이 높은 것이 그 배경이었다고 한다.

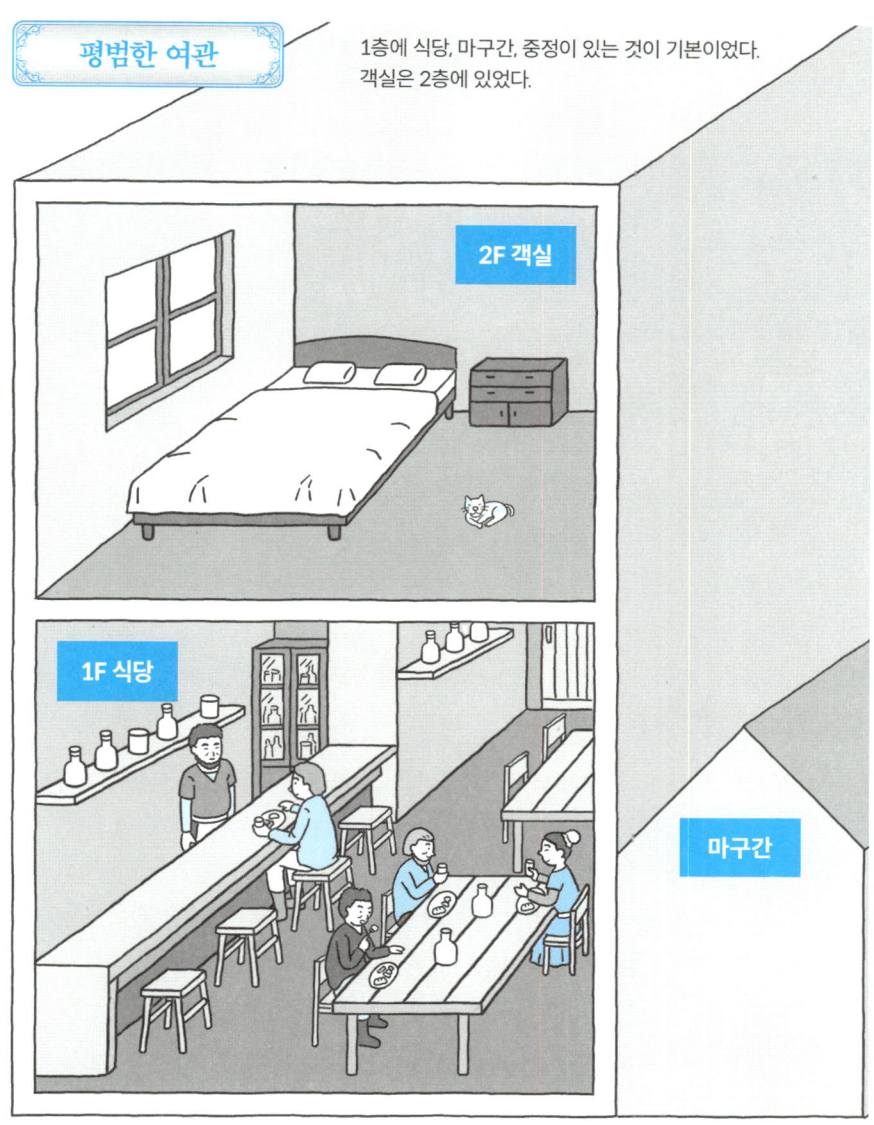

평범한 여관

1층에 식당, 마구간, 중정이 있는 것이 기본이었다. 객실은 2층에 있었다.

2F 객실

1F 식당

마구간

중세의 일반적인 여관은 1층이 식당, 2층이 객실로 구성되어 있었으며 일부 3층 건물도 있었다. 바로 옆에는 말을 맡길 수 있는 마구간과 중정이 있었다. 객실은 화장실도 없이 최소한의 설비만 갖추고 있었으며, 그저 잠을 자기 위한 방이었다. 고급 여관의 경우에는 손님인 주인만 객실에서 머물고 하인들은 마구간이나 헛간에서 숙박했다.

Column 4

봉건사회에서 주권 국가로

**중세 사회를 지탱한 봉건제도가 쇠퇴하며
새로운 지배 제도가 확립되었다**

중세의 사회는 봉건제도가 기본이었다. 기사는 제후를 섬기고, 제후는 대제후를 섬기고, 대제후는 국왕을 섬기는 식의 구조였다. 여기에서 놓치기 쉬운 사실은 모든 주종 관계가 서로 긴밀히 연결되어 있지는 않다는 점이다. 기사를 예로 들자면, 기사가 섬기는 것은 어디까지나 직접적인 관계인 제후였고, 그 위에 있는 대제후는 섬기지 않았다. 각각의 주종 관계가 독립되어 있던 것이다. 이 때문에 국왕이라고 해도 큰 권력은 없었고, 제후들과의 차이는 그렇게 크지 않았다.

하지만 화폐 경제가 침투하면서 제후의 힘이 줄어들기 시작했다. 제후가 경영하는 장원에서 일하던 영민이 농작물을 팔아 화폐를 저축하고 제후에게 돈을 내어 자유를 손에 넣을 수 있게 됨으로써, 기존의 장원 경영 체제가 붕괴되었다. 그리고 제후의 신하였던 기사 또한 화포 등이 등장하고 보병 중심으로 군사력이 대체되며 몰락했다. 이들 몇 가지 요인으로 의해 봉건제도가 붕괴하기 시작했고, 제후나 기사들이 가지고 있던 권력이 국왕에게 집중되었다.

그 결과 '주권 국가'가 등장했다. 이러한 국가는 국왕이 주권을 가지고 절대적인 권력으로 민중을 지배하는 절대왕정이라는 체제를 취했다. 나아가 국왕은 자신의 지배에 정당성을 나타내기 위해 왕의 권리는 신에게 받은 것이라는 왕권신수설을 제창했다. 이렇게 국왕이 절대적인 권력을 내세우는 사회로 조금씩 변모하게 되었다.

PART 5

중세 유럽을 무대로 이야기를 창작하자

지금까지는 중세 유럽을 다각적으로 해설했다. 이번 파트에서는 실제로 이야기를 창작할 때 알면 좋을 포인트와 작품의 퀄리티를 높이는 비결을 프로 소설가가 철저하게 해설한다. 앞으로 만들 여러분의 작품에 도움이 되길 바란다.

창작 FILE ①

창작 활동의 첫걸음!
'쓸 수 있는' 장르를 분석한다

독서량이 많을수록 이야기의 본질을 알 수 있다

이야기를 창작할 때 '쓰고 싶어!'라는 충동적인 열정은 소중히 유지하자. 하지만 동시에 우선은 냉정하고 침착하게 머릿속을 정리해 보자.

처음에 해야 할 일은 자신이 '쓸 수 있는' 장르를 객관적이고 신중하게 고르는 일이다. 구체적인 예로, 중세 유럽을 무대로 한 이야기라도 그 안에서 카테고리는 실로 다양하다. 중세 유럽의 세계관을 담은 판타지인지, 현대에서 중세 유럽으로 타임슬립하는 SF 장르인지, 혹은 중세 유럽의 역사적 사실을 좇으며 휴먼 드라마를 그리는 역사물인지 선택해야 한다.

본래 이야기를 쓸 때는 자신이 가장 좋아하는 작품(혹은 작가)과 같은 장르를 고르는 것이 무난한 전략이다. 왜냐하면 해당 분야에 독서량이 많을수록 기본적인 이야기의 본질을 무의식적으로 쌓고 있기 때문이다.

즉 미스터리를 좋아하는 독자가 미스터리를 쓰고 싶다고 느끼는 것처럼, '좋아서 하는 것이 곧 숙달되는 길'이라는 기본을 실천하는 것이 이야기 창작의 첫걸음으로는 자연스러운 흐름이다. 우선 자신이 쓰고 싶고, 또 쓸 수 있는 장르를 분석해 보자.

중세 유럽이 무대인 작품은 무척 많다

《왕비의 이혼》 사토 겐이치 저(열림원, 2001)
《路上の人(길 위의 사람)》, 堀田善衞(홋타 요시에) 저
《ノストラダムスと王妃(노스트라다무스와 왕비)》, 藤本ひとみ (후지모토 히토미) 저

정통적인 테마가 처음 쓰기에는 쉽다

자, 자신이 '쓸 수 있는' 장르를 찾았다면, 다음은 스토리의 골자와 테마를 고민해 보자.

스토리의 골자란 대략적인 이야기의 사건(이벤트)을 가리킨다. 예를 들어 주인공이 점차 힘을 키워서 침략자에게서 나라를 지키는지, 거기에 공주와의 연애도 포함되는지, 무기는 주술이나 마법까지 망라하는지 같은 식이다. 처음부터 정확할 필요는 없다. 여러분이 쓰고 싶은 장면이나 전개, 엔딩과 관련하여 떠오르는 아이디어를 부풀려 보자. 그것이 뼈대가 되어 이야기를 지탱해 줄 것이다.

대략적인 이미지가 잡혔다면 가장 중요한 '테마'를 정해야 한다. **테마란 여러분이 작품을 통해 독자에게 전하고 싶은 메시지다.** '정의는 반드시 승리한다'여도 좋고, '사랑이란 어디에나 있는 것이다'도 좋다. 아직 창작 경험이 많지 않다면 정석적인 테마로 쓰는 편이 쉬울 것이다.

왜 테마 설정이 가장 중요하냐면, 스토리의 골자는 테마에 따라 움직이기 때문이다. 주인공의 행동 원리도 마찬가지다. 테마를 충실히 따르면 이야기에 설득력이 생겨난다. 그리고 기승전결의 '결'에서 테마가 완성됨으로써 말로 표현하기 어려운 감동과 공감 같은 마음의 움직임을 독자에게 전할 수 있다.

중세 유럽은 현대 유럽의 기반이 되는 변혁기였다. 다채로운 소재와 사상으로 가득한 시대성을 이해하고, 독자적인 자신만의 창작의 첫걸음을 내디뎌 보길 바란다.

우선 모티프를 통해 상상하며 아이디어를 부풀려 보자

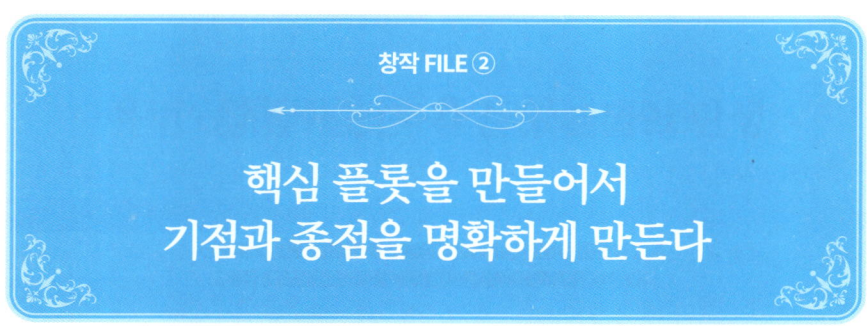

등장인물 리스트 만들기

이야기의 장르, 스토리의 골자, 그리고 테마가 정해졌다면 보다 구체적인 단계로 넘어가 창작을 진행해 보자. 우선 등장인물을 정한다. 대략적인 흐름을 떠올릴 수 있다는 말은 여러분이 창작한 세계 안에서 주인공이나 악역 같은 주요 캐릭터가 어렴풋이 상을 맺었다는 뜻이다. 실제로 그것들을 등장인물별로 항목을 나눠 문장으로 만들며 등장인물 리스트를 작성한다.

최소한으로 고려할 항목은 일곱 가지 정도로 이름, 나이, 성별, 역할, 성격, 장점, 단점이다. 등장인물 설정은 한 명당 위의 항목을 고려하여 대략 200~300자 정도면 우선 충분하다.

캐릭터 만들기에 관해서는 이후에 154쪽에서 다시 해설하므로 여기에서는 상세한 내용은 생략하지만, 등장인물 리스트를 만들 때는 각 캐릭터의 특성이 겹치지 않도록 **이야기에서의 역할을 제대로 차별화하여 정하는 것이 포인트다.**

또한 등장인물 수는 장르나 스타일에 따라 다르지만, 그래도 약 10명 정도의 캐릭터를 갖추면 이야기를 성립시키는 데 충분하다.

등장인물 리스트를 만들 때 확인해야 할 주의점

- ☑ 폭넓은 연령층을 등장시켰는가?
- ☑ 성격이나 역할이 겹치지는 않는가?
- ☑ 매력적인 동료나 조연이 존재하는가?

플롯은 이야기의 결말을 알 수 있는 완성 예상도

이어서 해야 할 일은 플롯 구성이다. 플롯은 이야기 창작의 핵심이다. 작품을 내기만 하면 팔리는 베스트셀러 작가도 창작자 대부분은 우선 플롯을 먼저 써서 이야기의 토대를 정하고 전체상이 보이게끔 갖춘다.

플롯이란, 곧 이야기의 결말을 명확히 알 수 있는 완성 예상도다. 때때로 '플롯과 스토리가 개념적으로 어떻게 다르지?'라고 의문을 품는 사람도 있다. 간단히 말하자면, 스토리란 전후 관계를 충실하게 맞춰 가며 시간순으로 이야기를 표현한 문장이다. 나아가 주인공들의 심정과 감정이 거기에 자연스럽게 끼어든다.

그에 비해 플롯이란 사건(이벤트)과 작용(액션), 거기에서 도출되는 결과만을 적음으로써 인과관계의 도식을 명확하게 문장화한 것이다. 주인공들의 감정적인 면은 적지 않는다. 이야기를 만들 때 처음에 플롯을 적는 의미는 '그 작품에서 무엇이 일어나며 어떤 결말을 맞이하는 지'를 명확하게 하기 위해서다.

따라서 '기승전결'에서 '기'와 '결'을 명확히 함으로써 이야기의 결말을 흔들리지 않는 것으로 만든다. 예시로서 장편 판타지 대작인 〈반지의 제왕〉의 플롯을 필자 나름대로 정리해 봤다.

> 명왕(冥王) 사우론이 만든 사악한 권력의 반지가 존재한다. 반지를 둘러싸고 다채로운 종족이 휘말리며, 세계의 명운을 정하는 반지 전쟁이 발발한다. 호빗 중 한 명이 반지의 마력을 이기고 세계를 평화로 이끈다.

어떤가? 다양한 감정적 측면을 배제하고 사건(이벤트)과 작용(액션), 결말만을 적으면 무척이나 짧게 정리할 수 있다. 이렇게 플롯을 명확하게 만든 후, 본격적인 집필을 할 때 스토리를 적어 나가자. **즉, 주인공들의 고통이나 슬픔, 기쁨을 플롯에 따라 살을 붙인다.**

이야기가 너무 단조로워지면 플롯의 사건(이벤트)과 작용(액션)을 더욱 추가하여 스토리에 강약을 준다. 조금 어렵게 느껴질지도 모르지만, 일단 심플하게 기점과 종점을 명확히 하자. 그것이 플롯이며, 플롯이 곧 이야기의 핵심이 된다.

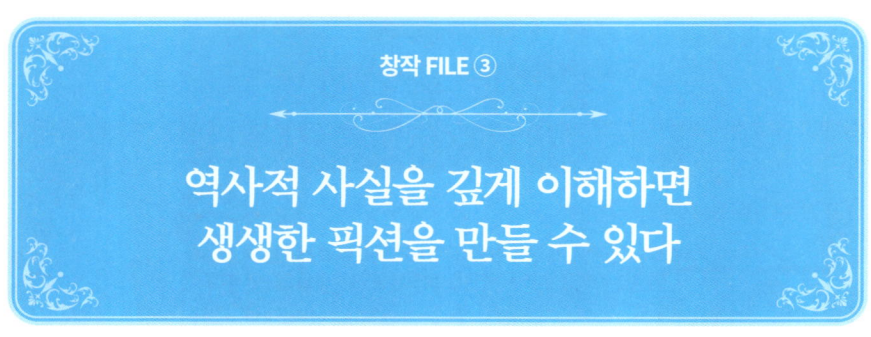

역사적 사실을 깊게 이해하면 생생한 픽션을 만들 수 있다

기본 설정을 자세히 조사하지 않으면 작품 자체가 흔들린다

작품의 세계관 설정은 이야기의 재미와 리얼리티를 크게 좌우한다. 작가는 작품의 무대가 되는 세계를 신중하고 세밀하게 구축하고, 캐릭터가 움직이는 환경을 정비해야 한다. **당연히 무대로 설정한 장소와 연대를 세세하게 조사하여 충분히 이해한 후에 자신이 만들 스토리가 더욱 실감나도록 융합을 도모해야 한다.** 특히 역사 소설이나 시대 소설이라면 과거의 사건이나 사건을 놓쳐서는 안 된다. 역사적 사실과 전혀 다르게 뜬금 없는 내용이 나오면 독자는 단번에 흥미를 잃게 된다.

중세 유럽이라면 서로마제국의 붕괴부터 십자군 원정, 동로마제국의 붕괴까지 연대적으로는 5~15세기까지의 장시간에 미친다. 더욱이 지역도 광대하다. 그도 그럴 것이 유라시아 대륙 북서쪽 반도부를 포괄하고 있기 때문이다. 장소가 달라지면 생활 양식은 물론 배경이 된 풍토까지 격변한다. 시대와 장소, 즉 무대가 되는 기본 설정을 자세히 조사하지 않으면 고생해서 만든 등장인물들이나 플롯이 설득력을 잃으며 작품 자체가 파탄에 이를 수도 있다.

세계관을 창작할 때, 우선 조사해야 할 세 가지

① 평균 기온과 일반적인 기후, 날씨의 특징
② 사투리 등을 포함한 언어 사용과 속어
③ 특수한 생활 습관이나 독자적인 문화의 여부

시대 배경과 문화를 공부하며 철저하게 밑밥을 뿌린다

대전제로서, 우리가 만들 이야기는 당연히 픽션(허구)이다. 독자는 당연하고도 기본적인 이러한 사실을 염두에 두고 작품을 마주하지만, 막상 이야기를 읽기 시작하면 거기에 적혀 있는 내용을 현실처럼 몰입하고 이해하려는 심리가 작동한다. 이것은 소설뿐만 아니라 영화나 드라마, 만화나 애니메이션도 마찬가지다. 신기한 현상이지만 **인간은 픽션의 이야기에 현실 세계의 규칙이나 법칙을 적용하며 감상하려는 경향이 있다.** 즉 작중에 독자가 느끼기에 명백히 뻔한 거짓말이 있으면, 앞에서 말한 것처럼 그 시점에서 마음이 식으며 되돌아오지 않는다. 그렇다면 창작자는 어떻게 하면 좋을까? 답은 간단하다. 픽션이기는 해도 거짓이라고 생각하기 어려울 정도로 극단의 리얼리티를 추구하면 된다. 그러기 위해서는 철저하게 조사하고 취재하여 활용하려는 소재를 최대한 숙지할 필요가 있다.

중세 유럽을 무대로 정했다면 전문가에 근접한 수준으로 시대 배경이나 문화 지식을 공부하고, 철저하게 이야기 설정의 밑밥을 깔아야 한다. 나아가 독자의 감탄을 부르는 역사적 사실도 집어넣으며 박학다식을 드러내는 것도 포인트다. **그리고 이야기의 마지막 부분에서는 엔딩을 감동적으로 고조시킬 수 있는 '리얼한 거짓말'을 하자.**

초반부터 역사적 사실에 기반하여 진지하게 써냈기에 이 리얼한 거짓말이란 '재미있는' 거짓말이기도 하며, 이러한 거짓말은 쓰는 이의 진정성 있는 태도가 전해지기에 용서받고 인정받을 수 있다. 픽션을 창작하는 진정한 즐거움은 여기로 귀결된다고 할 수 있으리라.

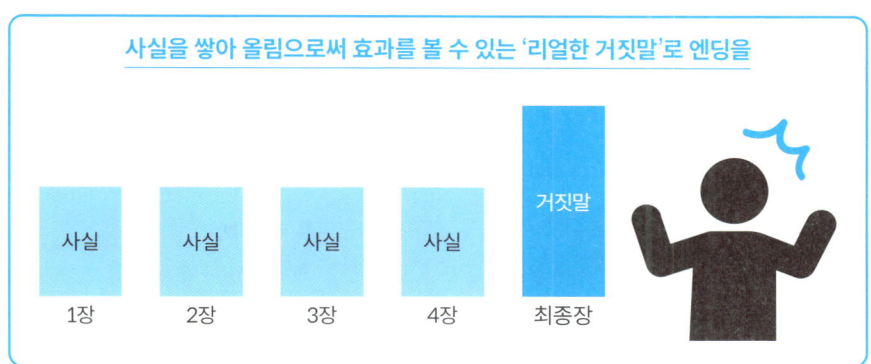

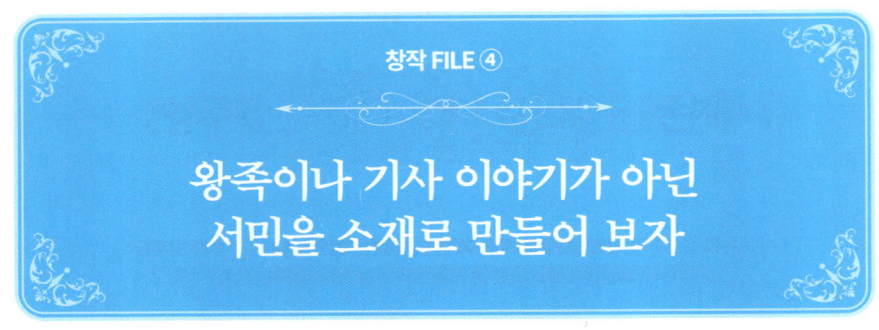

봉건제도의 지배층만으로는 밋밋하다

중세 유럽을 무대로 한 이야기라면 왕위 승계를 둘러싼 분란이나 영토 탈환을 둘러싼 성전, 대항해시대를 향한 모험극처럼 장대한 스토리를 쓰고 싶은 사람이 많을 것이다.

중세 시대를 배경으로 하는 세계관에는 분명 소재로서는 '쓰기 좋은 소재'가 다양하게 갖춰져 있다. **판타지이든 전투 액션이든 휴먼 드라마이든 창작 아이디어의 소재는 무한히 많으며, 그야말로 파란만장한 전개가 실제로 역사적으로도 무수히 많이 펼쳐져 왔다.** 당연한 것처럼 우선 가장 먼저 떠오르는 인물 설정을 말하자면 압도적인 경제력을 보유한 영주, 거대 권력을 지닌 성직자, 싸움에 몰두하는 강인한 기사, 포로로 사로잡힌 아름다운 왕비 등을 꼽을 수 있을 것이다.

중세 유럽에서 어떤 시대의 어떤 국가를 잘라내도 대부분 이 같은 전형적인 흐름의 상관도를 머릿속에 떠올리기 쉽다. 그것은 그것대로 틀리지 않은 좋은 길이다. **그렇지만 봉건제도의 지배층에 있는 사람들만 이야기에 그리게 되면, 다소 불완전한 작품이 되어 버린다.**

중세 유럽의 봉건제도를 구성하는 사람들

성직자, 영주·기사, 농민·도시 주민(상인, 장인)으로 형성된다.
봉건영주는 국왕이나 제후, 기사 등으로 구성되며 일부 고위성직자는 영주로서 농민을 지배했다.

이야기의 수준을 높이는 효과적인 양념으로 활용

동서고금 막론하고 국가를 성립시킨 것은 하위층에 해당하는 이른바 '서민'이다. 그리고 농민, 장인, 상인과 같은 평범한 사람들이 국민의 대다수를 차지했으며, 이들이 지배층에게 착취당하는 구도는 당시에도 여전했다. 이 책에서도 파트 2에서 해설한 바처럼, **이들 서민의 생활상이나 직업, 또는 압제 정치에 시달리는 나날을 여실히 그리는 것은 작품에 깊이를 더하고 이야기의 수준을 높이는 효과적인 양념이 된다.** 왜냐하면 영주나 성직자나 기사나 왕비만으로는 국가의 경제도 정치도 성립하지 못하며, 이야기의 리얼리티가 부족해져 버리기 때문이다.

한편 선악으로 나뉜 전쟁을 그릴 때, 최전선에서 창이나 검을 들고 싸우는 보병의 대다수는 시민으로 구성되었다는 현실도 잊어서는 안 된다. 여기에서 더 깊게 들어가면 보병 중에 용맹하며 전투 능력이 뛰어난 용사가 한 명쯤 있을 수 있으며, 그 캐릭터가 궁지에 몰린 주인공을 구하는 장면이 등장해도 좋으리라. 그렇다면 시민의 생활상이나 문화를 그려야 할 필연성이 생겨난다. 이러한 캐릭터가 평소에 어떤 옷을 입고 무엇을 먹고 어떤 일을 하며 누구와 가족으로 살고 있는지, 얼핏 보면 이야기의 본 줄기와는 관련이 없어 보이지만 **이 같은 사이드 스토리를 제대로 그려내는 것은 이른바 작가의 '양심'이라 할 수 있으며, 시대 배경의 뼈대를 세밀하게 그려냄으로써 메인 스토리가 생생하게 비춰질 것이다.** 역사의 일부를 모티프로 삼은 이야기를 쓰는 것은 그곳에 살아 숨 쉬던 온갖 계층 사람들의 생생한 이야기도 그리는 것이라고 이해하자.

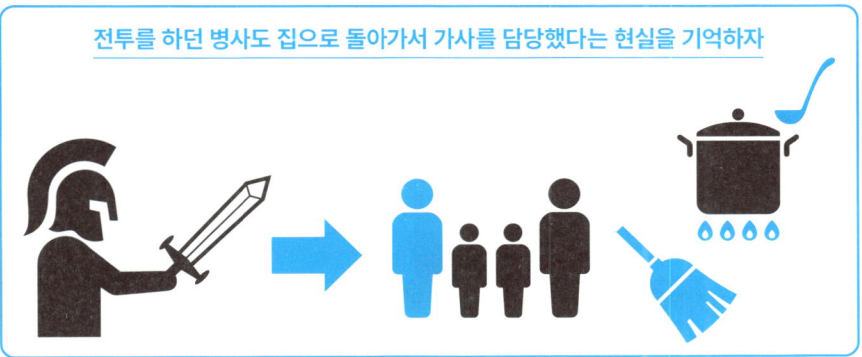

전투를 하던 병사도 집으로 돌아가서 가사를 담당했다는 현실을 기억하자

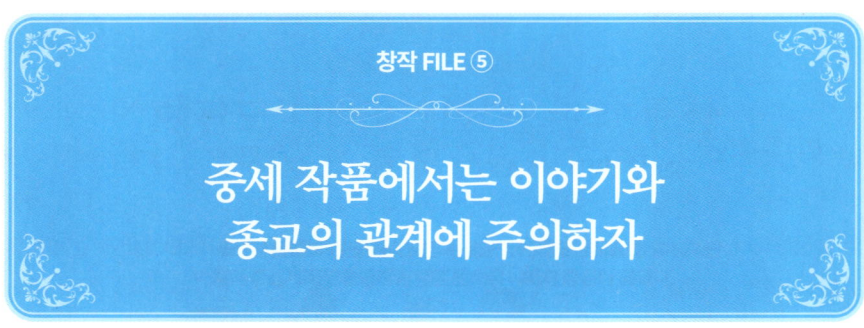

사회 계급의 정점부터 공략한 가톨릭교회

여기까지 읽었다면 이미 알 것이다. 중세 유럽의 세계관을 바탕으로 이야기를 창작할 때 절대 무시할 수 없는 존재가 바로 기독교다. 기독교에는 가톨릭, 프로테스탄트, 정교회 등의 종류가 있으며 앞에서 해설한 것처럼 중세 유럽에는 로마 교황이 우두머리로서 군림하는 로마 가톨릭교회가 막대한 힘을 가졌다. 애초에 로마 가톨릭교회가 중세 유럽을 석권하며 퍼진 이유는 포교의 타깃을 권력자들, 즉 지배층으로 정했기 때문이다.

사회 계급의 정점에 선 사람들을 개종시키는 것이 가장 효과적이라고 판단한 이 포교 접근은 훌륭하게 성공을 거두었다.

나아가 왕이나 영주 같은 지배층이 기독교가 되었기에 가톨릭교회의 조직 제도가 사회에 침투했고 영향력은 확대의 일로를 걸었다. 결과적으로 서양 사회에서 정신적 및 문화적인 기반으로 확립되게 되었다. **이런 사회 배경을 충분히 이해한 상태로 창작에 반영해 나가자.**

알아 두어야 할 로마 가톨릭교회의 기초 지식

- ☑ 4세기에 로마 제국의 국교가 되어 지중해 세계에 퍼졌다.
- ☑ 8세기에 프랑크 왕국과 관계를 맺으며 유럽에 정착했다.
- ☑ 13세기까지 황제보다 우위에 선 교황권은 전성기를 맞이했다.

십자군 원정은 비대해진 교황권이 만들어낸 행적

파트 1에서는 성직자의 위계 제도에서 최고위에 해당하는 교황, 대주교와 주교, 수도원장이 세속적인 정치나 행정 면에서도 막대한 힘을 가졌다고 해설했다. 특히 교황의 경우, 황제나 국왕과 권력을 다툴 정도의 영향력을 가졌다.

즉, 이야기에 등장하는 권력을 가진 등장인물 중 많은 수는 기독교도이기 때문에 캐릭터의 사상, 언동과 세계관에 종교색을 짙게 풍겨야만 한다. 그렇지 않으면 중세 유럽을 무대로 한 이야기의 본질이 훼손되어 버린다. 왜냐하면 당시의 기독교는 거국적으로 군사 행동을 일으킬 정도로 압도적인 권력이 있었기 때문이다. 이 사실을 회피할 수는 없다.

가장 유명한 것이 십자군 운동이다. 성지 예루살렘을 이슬람 세계로부터 탈환하기 위해 시작되어 약 200년간 계속된 이 전쟁이야말로 비대해진 교황권이 만들어 낸 결과였다. 중세 유럽에서는 역사상의 온갖 사건에 다양한 형태로 기독교를 비롯한 여러 종교가 관여했다.

그리고 현대를 살아가는 우리는 좀처럼 이해하기 어려운 부분일지 모르지만, 당시의 왕족, 귀족 그리고 기사의 행동 원리에는 종교적 가치관의 영향을 받은 관계성이 스며들어 있었다. **종교관까지 파고든 캐릭터 조형과 이야기의 상관도를 만들며 스토리를 구성하면 중세 유럽의 이야기 세계가 더욱 깊이 있고 리얼한 것으로 완성된다. 역사적 사실을 이해할 때는 꼭 이러한 배경을 의식해 보자.**

종교적이고 정치적인 판단에서 기인하는 전쟁과 싸움이 끊이지 않았다

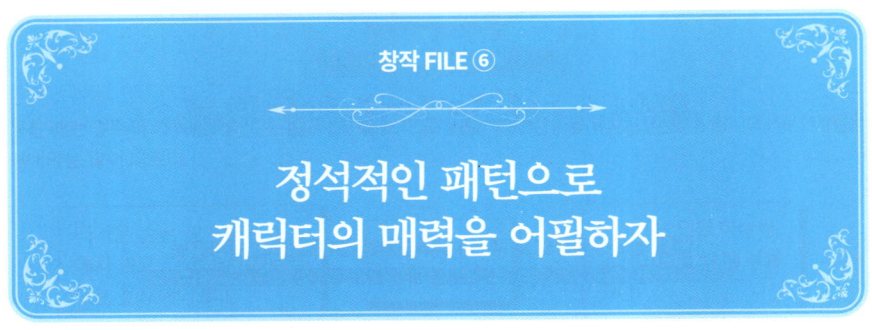

기대와 소망에 응하는 전개로 엔딩을 맞이한다

앞서 150쪽에서 인물을 설정할 때 전형적인 흐름에 대한 이야기를 꺼냈다. 압도적인 경제력을 보유한 영주, 거대 권력을 지닌 성직자, 싸움에 몰두하는 강인한 기사, 포로로 사로잡힌 아름다운 왕비 같은 상관도의 큰 틀이다. 어디선가 읽어 본 적이 있는 듯한 등장인물의 조합이라고 생각하는 사람도 분명 많을 것이다.

종종 오해하기 쉽지만, 이야기 창작에서 정석적인 패턴을 사용하는 것에 전혀 거부감을 느낄 필요가 없다. **오히려 재미있는 이야기를 만들고자 한다면 정석적인 패턴이란 피할 수 없는 정공법이라고 이해하자.** 동서고금을 막론하고 크게 히트한 영화이든 소설이든 애니메이션이든 모든 인기 작품은 정석적인 패턴을 답습하고 있기 때문이다.

쉽게 말하자면 정석적인 패턴이란, 독자의 기대와 소망에 응하는 전개로 엔딩을 맞이하는 것이다. 그리고 이 '정석적인 패턴'이란 예상과 크게 다르지 않게 끝나는 '뻔한 전개'나 이미 본 듯한 형태대로 진행하는 '정해진 약속'과는 근본적으로 의미가 다르다. '이렇게 되면 좋겠다'라는 독자의 소망을 배신하지 않는 감동과 카타르시스를 주는 전개는 어떻게 보면 이상적인 이야기의 존재 방식이라고 할 수 있다.

알아 두어야 할 정석적인 패턴 상식 세 가지

① 어떤 히트작이든 뿌리가 되는 스토리는 유사한 패턴을 가지고 있다.
② 이야기의 뼈대 단계에서 오리지널리티에 집착할 필요는 없다.
③ 자신의 창작물이 어떤 히트작과 동일한 패턴에 속하는지를 알자.

고유한 감정과 성격의 방향성을 심어 준다

앞에서 소개한 것처럼 중세 유럽의 봉건제도는 교황을 정점에 두고 대주교, 주교, 사제, 수도원장과 같은 성직자 다음으로 귀족, 기사, 그리고 최하층인 상인, 장인, 농민 같은 신분으로 형성된다. 정석적인 패턴에 따라 이야기를 창작한다면 이 피라미드 계급을 이용해야만 한다. 하지만 이야기에서 신분 차이만을 강조하며 인물을 묘사하면 매력적인 캐릭터를 만들어낼 수는 없다.

그렇다면 어떻게 해야 독자를 매료하는 캐릭터를 그릴 수 있을까? **답은 간단하다. 등장인물에 고유한 감정과 성격의 방향성을 심어서 개성을 강렬하게 어필하는 것이다.** 가령 압도적인 경제력을 보유한 영주의 경우, 유례없을 정도의 탐욕성을 갖추고 돈을 위해서라면 어떤 악행에도 주저하지 않는다. 혹은 거대 권력을 지닌 성직자의 경우, 얼핏 보면 박애주의자처럼 보이지만 본심으로는 사람을 사람으로 생각하지 않는 잔인한 성격으로, 격한 증오의 불씨를 불태우고 있다. 싸움에 몰두하는 강인한 기사의 경우, 과묵하면서도 깊은 슬픔을 가슴속에 품고 복수를 위해 검을 쥔다.

어떤가? 이처럼 고유한 감정과 성격의 방향성을 심어서 조형하면 캐릭터의 인상이 크게 깊어지며, 독자에게 임팩트를 줄 수 있다. **나아가 심층 심리나 과거에 있었던 사건에서 기인하는 격정을 깊게 파고들어 '이 캐릭터는 왜 그런 식으로 살아갈까?'라는 행동 원리를 명확하게 드러내면 더욱 이야기가 재밌어진다.** 이런 묘사는 정석적인 창작 수법 중 하나이기도 하다.

시대극에도 독자를 매료하는 정석적인 패턴이 존재한다

창작 FILE ⑦

경칭을 대사에 활용하면 관계성을 쉽게 표현할 수 있다

잘 읽히고 재미있는 이야기를 완성하는 방법들

이제 여러분이 읽고 있는 이 책도 마지막 페이지를 앞두고 있다. 여기에서는 이야기 창작에서 가장 중요하며 기본적인 포인트에 대해 설명하고자 한다. 우선 염두에 두어야 할 것은 '독자의 시선'이다. 완성된 이야기는 창작자 본인이 아니라 제3자가 읽어야 비로소 작품으로 태어난다고 할 수 있다. 그러므로 당연히 독자가 읽을 때 '잘 읽히고 재미있는 이야기'로 완성해야 한다.

때때로 중세 유럽을 무대로 한 역사·시대 계열의 이야기에서 종종 범하기 쉬운 실수가 있다. **바로 설명문을 주르륵 늘어놓는 것이다.** 시대 배경이나 설정을 명확히 설명하는 최소한의 해설은 필요하지만, 시종일관 자신이 알고 있는 시대 배경에 대한 설명만 늘어놓다 보면 창작물이 아니라 역사 책이 되어 버린다. **특히 신분 제도가 존재하는 세계관에서는 여러 인물들의 관계성에 대해 줄줄 해설하는 일에 빠져버리기 쉽다.** 여러분이 독자라면 역사 해설에만 몰두하는 이야기를 읽고 싶은가? 아마도 답은 'NO'이리라. 해설에 빠져버리지 않도록 **경칭을 능숙하게 사용하는 일에 신경 쓰자.** 그 인물이 왕족인지 귀족인지, 어느 정도의 지위에 있는지를 복잡한 설명 없이 단적으로 표현할 수 있다.

창작할 때 작가가 주의해야 할 세 가지

① 박학다식함을 너무 자랑하지 말고 해설은 최소한으로 하자.
② 경칭을 활용하여 캐릭터의 지위를 표현하자.
③ 독자의 시점으로 작품을 마주하자.

독자의 시선으로 작품의 완성도를 향상시킨다

소설이라면 대화문의 비중을 얼마나 둘지도 유의해야 한다. 책으로 가정했을 때, 책을 펼친 양쪽 페이지에서 대화문이 절반 정도가 확보되면 독자는 '잘 읽힌다'라는 인상을 받는다. 줄 바꿈조차 하지 않고 글줄로 가득 찬 지면이 되지 않도록 유념하자.

그리고 작가는 작품을 만드는 동안에 항상 '독자는 이야기에서 무엇을 찾고 있으며 무엇을 기대하고 있지?'라는 관점을 의식해야 한다. 사실상 어떤 장르의 작품이든 독자가 이야기에서 기대하는 것은 '휴먼 드라마' 이외에는 딱히 없다. 작중에 등장하는 캐릭터들의 희비가 엇갈리는 사건에 독자는 자신을 투영하며 공감과 감동 같은 마음의 움직임으로 여실히 반응한다. 그리고 그런 마음의 흔들림을 느낀 작품을 '재미있는 이야기를 읽었다'고 평가한다.

현대의 독자가 겪어본 적 없는 중세 유럽을 이야기의 무대로 설정하더라도 독자의 시선이라는 원칙은 전혀 달라지지 않는다. 그 시대의 그 국가에 사는 등장인물들의 약동과 곤경, 역전 승리에 일희일비하면서 이야기의 흐름을 따라갈 것이다. 이처럼 **작품에 어느 정도 거리를 두고 따라갈 수밖에 없는 독자의 시선을 작가가 갖추고 있다면 큰 줄기의 구성부터 세부 설정에 이르기까지 묘사하는 접근 방식이 달라지게 된다.** 결국 '어떤 식으로 캐릭터를 움직이며 전개를 진행하면 독자의 마음을 사로잡을 수 있을지'라는 관점으로 창작할 수 있게 되므로 더 설명할 필요도 없이 재미있는 이야기로서 작품의 완성도가 향상된다. 독자의 입장에 대한 섬세한 배려가 다각적으로 이뤄져야만 좋은 작품이 태어난다는 현실적인 조언을 부디 마음속 깊이 담아두기를 바란다.

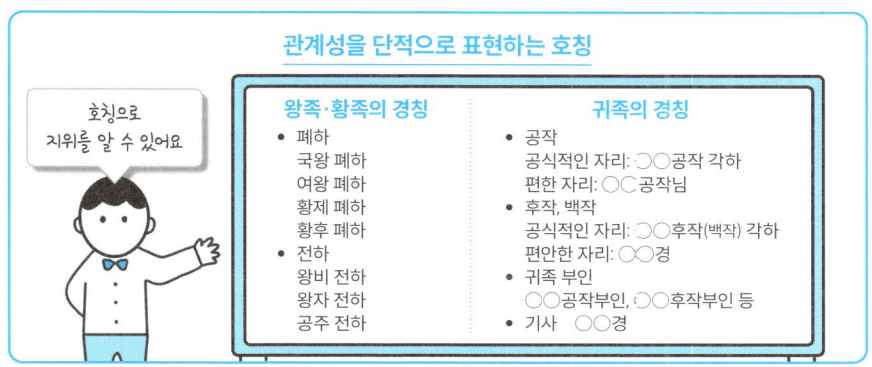

관계성을 단적으로 표현하는 호칭

호칭으로 지위를 알 수 있어요

왕족·황족의 경칭
- 폐하
  국왕 폐하
  여왕 폐하
  황제 폐하
  황후 폐하
- 전하
  왕비 전하
  왕자 전하
  공주 전하

귀족의 경칭
- 공작
  공식적인 자리: ○○공작 각하
  편한 자리: ○○공작님
- 후작, 백작
  공식적인 자리: ○○후작(백작) 각하
  편안한 자리: ○○경
- 귀족 부인
  ○○공작부인, ○○후작부인 등
- 기사　○○경

알아 두면 써먹는 중세 유럽 연표

서력	사건
375년	**게르만족의 대이동** 아시아계 민족인 훈족이 서진하여, 게르만족이 밀려나는 형태로 유럽 각지로 유입되었다.
395년	**로마제국이 동서로 분열** 테오도시우스 황제의 죽음으로 서로마제국과 동로마제국(비잔틴제국)으로 나뉘었다.
476년	**서로마제국 멸망** 게르만족의 유입에 제동이 걸리지 않고 서로마제국이 붕괴했다.
493년	**동고트왕국 건국** 현재의 이탈리아에 게르만계 동고트족이 왕국을 건국했다.
496년	**프랑크왕국의 가톨릭 개종** 클로도베쿠스 1세가 가톨릭의 아타나시우스파로 개종. 왕국은 로마 교회의 지지를 얻었다.
568년	**랑고바르드왕국 건국** 동고트왕국 멸망 후 게르만계 랑고바르드족이 건국. 독자적인 문화를 발전시켰다.
8세기~	**봉건제도의 성립** 토지를 매개로 주종 관계를 맺는 봉건제도가 보급되기 시작했다.
732년	**투르-푸아티에 전투** 북아프리카에서 이베리아 반도에 침입한 이슬람 세력과 프랑크 왕국과의 전투로, 프랑크 왕국이 승리했다.
756년	**피핀의 기증** 프랑크 왕 피핀 3세가 라벤나 지방을 로마 교황에게 바쳤다. 교황령이 탄생했다.
800년	**카롤루스의 대관식** 프랑크 왕 카롤루스가 교황으로부터 '서로마제국 황제'의 관을 받고 카롤루스 대제가 되었다. 황제 칭호가 부활했다.
843년	**베르됭조약** 프랑크 왕국이 서부, 중부, 동부로 3분할되었다.
870년	**메르센조약** 베르됭조약으로 설정된 영토를 재차 획정했다. 현재의 프랑스, 독일, 이탈리아의 기반이 되었다.
10세기~	**삼포식 농업의 보급** 경작지를 3개로 나누어 3년 주기로 땅을 번갈아 쉬게 하는 농법이 확립되었다. 수확량이 크게 향상되었다.
962년	**신성로마제국 성립** 오토 1세가 교황에게 '서로마제국의 정식 계승자'로 인정받았다 (오토 1세의 대관식).

서력	사건
1054년	**동서 교회의 분열** 서방의 로마가톨릭교회와 동방의 그리스정교회가 서로를 파문하는 형태로 분열된다.
1077년	**카노사의 굴욕** 교황과 성직서임권을 놓고 대립하던 신성로마제국이 교황의 권위 앞에 무릎을 꿇은 사건이다.
1095년	**십자군 운동 선포** 교황 우르바노 2세가 클레르몽 공의회에서 십자군 운동을 선포했다.
1096년	**제1차 십자군 전쟁** 이슬람 세력으로부터 성지 예루살렘 탈환을 목표로 했다. 약 40만 명이 참여하여 목적을 달성했다.
1113년	**구호 기사단 설립** 의료 행위를 하는 수도원으로 1070년대부터 활동한 끝에 독립적인 수도회로 인정받았다.
1122년	**보름스협약** 성직 서품권은 교황이 갖기로 결정. 성직 서임권 투쟁이 종결되었다.
1129년	**성전 기사단 공인** 기독교인들의 순례길을 호위할 목적으로 창설된 성전 기사단이 교황 직속 수도회로 공인되었다.
1147년	**제2차 십자군 전쟁** 십자군은 다마스쿠스를 공격했으나 참가자들의 목적 불일치로 실패로 끝났다.
1189년	**제3차 십자군 전쟁** 영국 왕 리처드 1세를 필두로 원정했지만, 성지 탈환은 실패로 끝났다.
1198년	**튜턴 기사단 설립** 제3차 십자군 원정 당시 1190년에 야전 병원으로 창설되어 1198년 종교 기사단으로 승인받았다. **인노첸시오 3세 교황 취임** 교황의 권력이 전성기를 맞이했다.
13세기~	**한자동맹 출범** 북해와 발트해 무역에 종사하는 북독일 도시들을 중심으로 도시 동맹이 출범했다.
1204년	**제4차 십자군 전쟁** 십자군이 콘스탄티노플을 점령하고 라틴제국을 건국했다.
1228년	**제6차 십자군 전쟁** 전투를 거의 하지 않고 협상을 통해 예루살렘 탈환에 성공했다.
1241년	**발슈타트 전투** 몽골제국의 유럽 원정군이 폴란드왕국, 튜턴 기사단 등과 교전을 벌였다.
1303년	**아나니 사건** 프랑스 왕이 아나니 지방에서 로마 교황을 연행하여 재판에 회부했다. 교황의 굴욕적인 사건이다.
1309년	**교황의 아비뇽 유수** 교황청이 아비뇽으로 옮겨지면서 교황이 로마를 떠났다. 이후 69년간 이런 상황이 지속되었다.

서력	사건
1337년	**백년전쟁 시작** 영국과 프랑스가 왕위 계승권과 영지를 놓고 벌인 전쟁. 1453년에 프랑스가 승리하면서 종전했다.
1347년	**흑사병(페스트) 유행의 시작** 설치류와 벼룩을 매개로 한 전염병인 페스트가 유행하기 시작했다.
1378년	**서방교회 대분열** 로마, 아비뇽에 각각 교황이 선출되며 가톨릭교회가 분열, 1417년 통일될 때까지 계속되었다.
1381년	**와트 타일러의 난** 영국의 농민들이 과도한 세금 징수, 페스트 유행으로 인한 사회적 긴장 등에 대한 불만을 터뜨렸다.
1431년	**잔 다르크 재판** 백년전쟁에서 활약한 잔 다르크가 종교재판에 회부되어 화형에 처해졌다.
1453년	**동로마(비잔틴)제국 멸망 및 백년전쟁 종결** 오스만제국이 콘스탄티노플을 점령하고 동로마제국이 멸망했다. 프랑스가 백년전쟁에서 승리했다.

진솔한 서평을 올려 주세요!

이 책 또는 이미 읽은 제이펍의 책이 있다면, 장단점을 잘 보여주는 솔직한 서평을 올려 주세요.
매월 최대 5건의 우수 서평을 선별하여 원하는 제이펍 도서를 1권씩 드립니다!

- **서평 이벤트 참여 방법**
  ❶ 제이펍 책을 읽고 자신의 블로그나 SNS, 각 인터넷 서점 리뷰란에 서평을 올린다.
  ❷ 서평이 작성된 URL과 함께 review@jpub.kr로 메일을 보내 응모한다.

- **서평 당선자 발표**
  매월 첫째 주 제이펍 홈페이지(www.jpub.kr)에 공지하고, 해당 당선자에게는 메일로 연락을 드립니다.
  단, 서평단에 선정되어 작성한 서평은 응모 대상에서 제외합니다.

독자 여러분의 응원과 채찍질을 받아 더 나은 책을 만들 수 있도록 도와주시기 바랍니다.